**8 Yh 139**

Paris
1885

Heine Henri

*Poésies inédites*

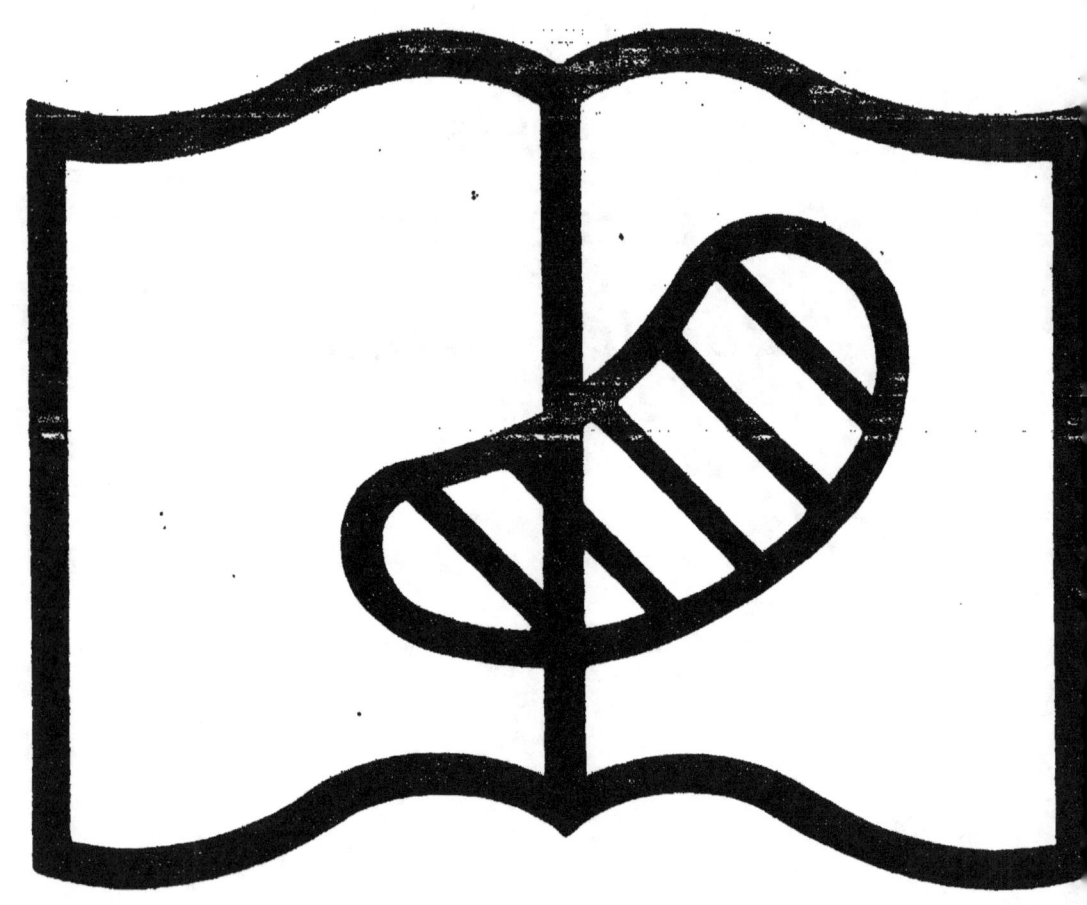

Symbole applicable
pour tout, ou partie
des documents microfilmés

Original illisible

**NF Z 43**-120-10

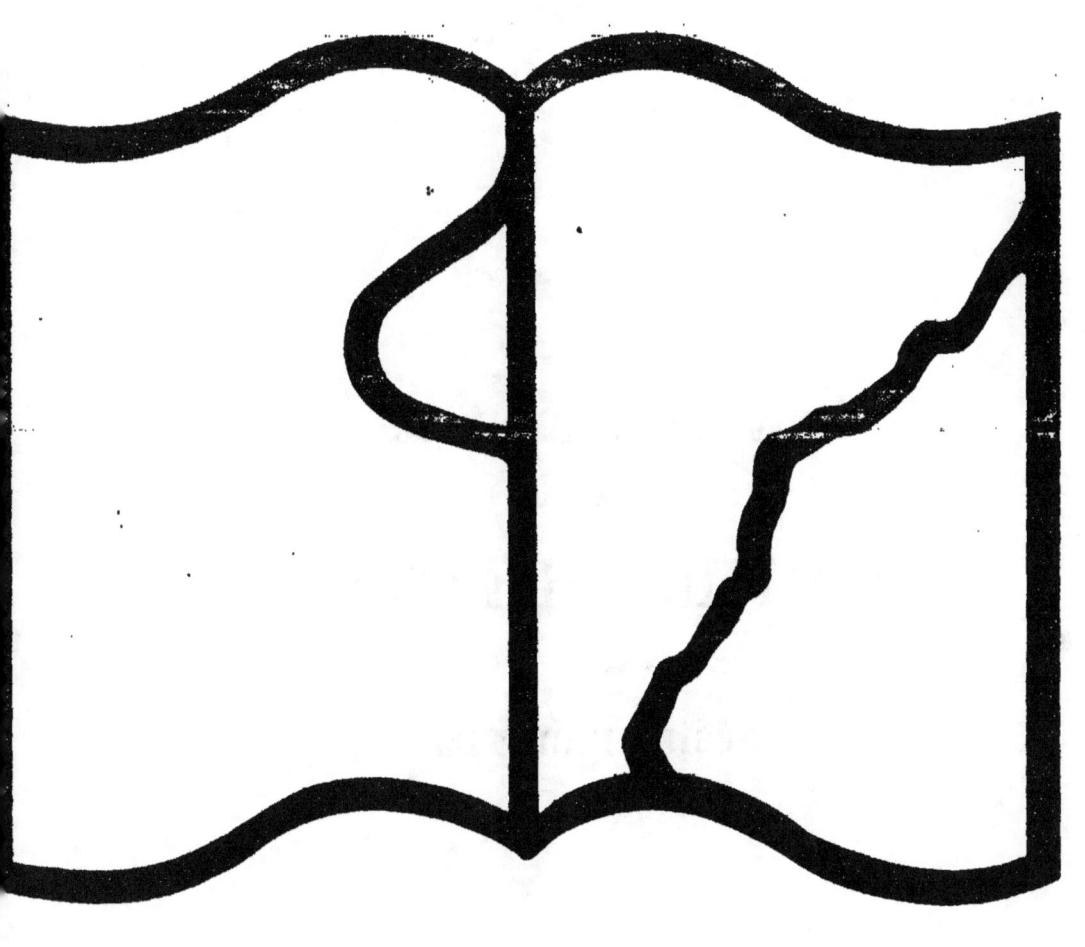

**Symbole applicable
pour tout, ou partie
des documents microfilmés**

Texte détérioré — reliure défectueuse

**NF Z 43-120-11**

ŒUVRES COMPLÈTES

DE

# HENRI HEINE

POÉSIES INÉDITES

CALMANN LÉVY, ÉDITEUR

## ŒUVRES COMPLÈTES
### DE
# HENRI HEINE

Nouvelle édition, ornée d'un portrait gravé sur acier

Format grand in-18

| | |
|---|---|
| ALLEMANDS ET FRANÇAIS. | 1 vol. |
| CORRESPONDANCE INÉDITE, avec une introduction et des notes. | 2 — |
| DE L'ALLEMAGNE. | 2 — |
| DE L'ANGLETERRE. | 1 — |
| DE LA FRANCE. | 1 — |
| DE TOUT UN PEU. | 1 — |
| DRAMES ET FANTAISIES. | 1 — |
| LUTÈCE. | 1 — |
| POÈMES ET LÉGENDES. | 1 — |
| POÉSIES INÉDITES. | 1 — |
| REISEBILDER, tableaux de voyage, précédés d'une étude sur Henri Heine, par *Théophile Gautier* | 2 — |
| SATIRES ET PORTRAITS. | 1 — |

F. Aureau. — Imprimerie de Lagny.

# POÉSIES INÉDITES

PAR

HENRI HEINE

PARIS
CALMANN LÉVY, ÉDITEUR
ANCIENNE MAISON MICHEL LÉVY FRÈRES
3, RUE AUBER, 3

1885

Droits de reproduction et de traduction réservés

# PREMIÈRES SOUFFRANCES

## 1817-1821

Je rêvais jadis d'amours ardentes et emportées, de cheveux bouclés, de myrtes et de résédas, de lèvres suaves et de paroles amères, de Lieder sombres aux sombres mélodies.

Dès longtemps ces rêves ont pâli et ils se sont effacés, et la plus chère figure de mes songes s'est évanouie aussi. Il ne m'est resté que les rimes langoureuses où j'avais exhalé mes ardeurs insensées.

Vous m'êtes restés, Lieder orphelins ! Dissipez-vous aussi maintenant, et cherchez la figure rêvée qui, dès longtemps, s'est évanouie. Saluez-la pour moi quand vous l'aurez trouvée : — à l'ombre aérienne j'envoie un souffle aérien.

Je vis en rêve un petit homme, un joli petit homme tiré à quatre épingles, et marchant sur des échasses à pas longs d'une aune ; il portait du linge éclatant de blancheur et un habit fin, — mais au dedans il était sale et grossier.

Au dedans, un être pitoyable et bon à rien, mais au dehors plein de dignité, parlant de courage au long et au large, et prenant des airs d'arrogance et de défi.

« Et sais-tu qui c'est ? Viens ici et vois ! » Ainsi parla le dieu des songes, et il me montra les images mouvantes dans le cadre d'un miroir.

Devant un autel se tenait le petit homme ; mon amour était près de lui ; tous deux dirent *oui !* et mille démons crièrent en riant : *Amen !*

———

En un doux rêve, dans la nuit sereine, grâce à une incantation puissante, ma bien-aimée vint à moi ; elle vint à moi dans ma chambrette.

Je la vois, la douce figure, je la regarde, elle sourit doucement, et sourit encore, si bien que mon cœur se gonfle, et ces paroles hardies jaillissent impétueusement de mes lèvres :

« Prends, prends tout ce que je possède ; tout est à

toi, mon amour, pourvu qu'en échange je sois ton amant, de minuit jusqu'au chant du coq. »

Alors la belle jeune fille me regarda avec un regard étrange, si tendre, si douloureux, si profond, et elle me dit : « Oh ! livre-moi ton bonheur éternel ! »

« O jeune fille, ô mon ange, pour toi je donnerais joyeusement et de bon cœur ma vie et ma jeunesse, — mais jamais, jamais ma part du ciel ! »

Ces paroles rapides sont bientôt dites, mais la jeune fille se tient toujours là dans l'éclat de sa beauté, et toujours elle répète : « Oh ! livre-moi ton bonheur éternel ! »

Ces mots résonnent sourdement à mon oreille, et pénètrent jusqu'au plus profond de mon âme comme un flot enflammé ; je respire lourdement, je respire à peine.

C'étaient de petits anges blancs, couronnés d'une auréole d'or; mais tout à coup se précipite impétueusement une noire cohorte de lutins sinistres.

Ils luttèrent avec les anges qui bientôt furent mis en fuite, et la noire cohorte elle-même s'évanouit aussi dans le brouillard.

Mais, moi, je me mourais de joie, j'avais dans mes bras ma belle bien-aimée; elle se presse contre moi comme un petit chevreuil, et pourtant elle pleure amèrement.

Ma douce bien-aimée pleure; je sais bien pourquoi; et, sans mot dire, je baise sa petite bouche de rose : « O bien-aimée, arrête ce torrent de larmes, rends-toi à mon ardent amour ! »

« Rends-toi à mon ardent amour ! » Alors tout à coup mon sang se glace, et la terre s'entr'ouvre, et se creuse en un gouffre béant.

Et de ce noir abîme monte la noire cohorte; ma belle bien-aimée pâlit, elle s'évanouit de mes bras, et je reste seul.

Et la noire cohorte danse autour de moi dans un tourbillonnement étrange, et se rapproche, et me saisit, et éclate bruyamment en rires moqueurs.

Et le cercle se rétrécit toujours davantage, et toujours résonne l'horrible refrain : « Tu as renoncé au bonheur éternel, tu nous appartiens pour toujours ! »

## LA NUIT DE NOCES

Ton argent est prêt, que tardes-tu donc? Mélancolique compagnon, pourquoi tardes-tu? Déjà je suis tout prêt, attendant dans ma tranquille chambrette, et minuit est proche; il ne manque plus que la fiancée.

Des soupirs sinistres viennent du cimetière : souffles sinistres, avez-vous vu ma petite fiancée? Des larves blêmes apparaissent peu à peu, elles m'entourent en grimaçant, elles me saluent et elles disent : « Oh! oui ! »

Alerte ! quel message apportes-tu, noir maroufle en livrée de feu? « La noble compagnie arrive; la voici tout à l'heure sur un attelage de dragons. »

Bon petit homme gris, que demandes-tu? Mon défunt magister, qui t'amène ici? Il me regarde en silence d'un air douloureux, et secoue la tête, et puis disparaît.

Pourquoi se plaint et frétille mon compagnon velu? Pourquoi l'œil du matou noir brille-t-il si clair? Pourquoi hurlent les femmes, les cheveux épars? Pourquoi ma nourrice fredonne-t-elle son chant de berceau?

Nourrice, reste aujourd'hui au logis avec tes refrains : l'*Eiapopeia*[1] dès longtemps a pris fin. Je célèbre aujourd'hui ma fête de noces : regarde ! déjà arrivent les invités bien parés.

Regarde ! Ah ! messieurs, je vous fais compliment; au lieu de chapeau vous portez vos têtes à la main ! Petites gens aux jambes tremblotantes, avec votre toilette patibulaire, le vent est tranquille, pourquoi venez-vous si tard ?

Alors arrive aussi la vieille petite mère sur son manche à balai : petite mère, bénis-moi; ne suis-je pas ton fils ? Sa bouche tremble dans son visage pâle : « Aux siècles des siècles, *Amen !* » chevrote la petite mère.

Douze musiciens décharnés se bousculent en entrant; la ménétrière aveugle les suit en chancelant; puis arrive le paillasse en casaque bariolée, portant le fossoyeur sur son dos.

Arrivent en dansant douze religieuses; c'est la louche entremetteuse qui mène la danse. Douze moines paillards viennent après elles, et sifflent un chant obscène sur un air d'église.

Maître fripier, ne crie donc pas jusqu'à bleuir ton visage; je n'ai pas besoin dans le purgatoire de ton habit fourré : là on chauffe gratis, bon an mal an, avec des os de princes et de mendiants au lieu de bois.

1. Le chant de berceau, en Allemagne.

Les bouquetières sont bossues et de travers, et font des culbutes tout autour de la chambre. Visages de chouettes et jambes de sauterelles, laissez-moi donc en paix avec le claquement de vos côtes !

Vraiment, l'enfer est déchaîné tout entier, et hurle et bondit, en troupes toujours plus nombreuses ; la valse des damnés résonne ; silence ! voici qu'arrive ma belle bien-aimée.

Vous autres, soyez tranquilles ou décampez vite ! C'est à peine si je m'entends moi-même. Hé ! devant la maison, un char ne roule-t-il pas ? Cuisinière, où es-tu ? Ouvre vite la porte !

Bien venue, mon amour ; comment cela va-t-il, mon trésor ? Bien venu, monsieur le pasteur, ah ! prenez donc place ! Monsieur le pasteur, avec queue et pied de cheval, de Votre Grâce je suis le très humble serviteur.

Chère petite fiancée, pourquoi te tiens-tu là si muette et si pâle ? M. le pasteur va procéder tout à l'heure à la bénédiction ; je lui paie, il est vrai, des honoraires plus chers que la vie, mais, pour te posséder, ce n'est pour moi qu'un jeu d'enfant.

A genoux, douce petite fiancée, à genoux, à mes côtés ! — Alors elle s'agenouille, elle se penche, ô délices ! et tombe sur mon cœur ; sur ma poitrine qui se gonfle je la tiens embrassée avec un joyeux frissonnement.

Les flots de ses blonds cheveux se jouent autour de nous; sur mon cœur bat le cœur de la jeune fille; tous deux battent si fort de joie et de douleur, et montent en planant dans les hauteurs du ciel.

Ils nagent dans une mer de délices, tout là-haut, dans les saintes demeures de Dieu. Mais sur nos têtes c'est l'enfer qui a étendu sa main, comme l'horreur et l'incendie.

C'est le sombre fils de la nuit qui tient ici la place du prêtre bénissant, il marmotte la formule dans un livre sanglant; sa prière est blasphème et sa bénédiction malédiction.

Et tout cela croasse, et siffle, et hurle d'une manière insensée, comme le fracas des vagues et le rugissement du tonnerre; alors tout à coup brille une lueur bleuâtre : « Aux siècles des siècles, *Amen !* » dit la petite mère.

———

J'étais couché et je dormais, — je dormais doucement; plus de chagrins et de souffrances; quand vint à moi une figure de rêve, la plus belle des jeunes filles.

Elle était aussi pâle qu'un marbre, et d'une grâce merveilleuse ; son œil brillait de l'éclat de la perle, ses cheveux flottaient étrangement.

Et la jeune fille pâle comme le marbre se meut doucement, et doucement elle se penche sur mon cœur.

Oh ! comme mon cœur tremble et bat de douleur et de joie ! comme il brûle et palpite ! Mais le sein de la belle ne bat ni ne palpite, il est aussi froid que la glace.

« Mon sein ne bat ni ne palpite, il est aussi froid que la glace ; pourtant je connais aussi les joies de l'amour, et sa toute-puissance.

» La rougeur ne brille pas sur ma bouche et mes joues. Mais ne tremble pas, ne crains rien, — car je te veux du bien et je t'aime ! »

Et elle m'étreint dans ses bras plus impétueusement encore, et peu s'en faut qu'elle ne me fasse mal... Alors chante le coq, et silencieusement s'échappe la jeune fille pâle comme un marbre.

J'ai évoqué les spectres blêmes, avec de magiques paroles : maintenant, ils ne veulent plus rentrer dans leur antique nuit.

D'horreur j'ai oublié la formule conjuratrice du maître, et maintenant les esprits m'entraînent moi-même dans les demeures nébuleuses.

Laissez-moi, sombres démons ! Laissez, et ne me pressez pas ; mainte joie peut encore se rencontrer pour moi sur cette terre dans la lumière rosée.

Il faut que je cherche encore la belle fleur merveilleuse : que serait ma vie tout entière si je ne devais pas l'aimer ?

Une fois seulement je voudrais la saisir, et la presser sur mon cœur brûlant ! Seulement une fois baiser sur ses lèvres et sur ses joues la plus délicieuse douleur !

Une seule fois, de sa bouche, je voudrais entendre une parole d'amour : alors je vous suivrai sur l'heure, Esprits, dans votre obscurité.

Les Esprits ont entendu, et secouent la tête d'un air sinistre. Douce bien-aimée, me voici ! Douce bien-aimée, m'aimes-tu ?

# LIEDER

Délicieuse fille, si belle et si pure, c'est à toi seule que je voudrais donner ma vie.

Tes yeux si doux brillent paisiblement comme un clair de lune; tes charmantes joues rouges répandent des clartés rosées.

Et de ta petite bouche éclate comme un collier de perles; — mais c'est l'écrin de ton cœur qui cache encore le plus beau joyau.

C'est sans doute un pieux amour qui m'est entré dans le cœur, quand naguère je t'ai aperçue, délicieuse jeune fille !

———

Solitaire, je soupire mes tristesses dans le sein confident de la nuit ; il faut que je fuie les heureux ; là où rit la joie, je ne puis tenir.

Solitaire, je laisse couler mes larmes, couler toujours silencieusement ; mais pas une larme ne peut éteindre l'ardent désir de mon cœur.

Autrefois, garçon rieur et gai, je jouais à maints jeux de fête ; le don de la vie me charmait, j'ignorais la douleur.

Ce monde n'était qu'un jardin émaillé de fleurs épanouies, où je passais mes journées parmi les roses, les violettes et le jasmin.

Rêvant doucement dans la verte prairie, je voyais le ruisselet couler paisible ; aujourd'hui, quand je regarde dans le ruisselet, une blême figure m'apparaît.

Depuis que mon œil l'a vue, je suis devenu pâle ; la douleur s'est glissée secrètement en moi ; quelque chose d'étrange s'est passé.

Longtemps, tout au fond de mon cœur, j'ai goûté silencieusement la paix des anges ; maintenant ils se sont enfuis tout tremblants dans leur demeure étoilée.

La nuit sombre attriste mes yeux, des ombres ennemies me menacent, et dans mon sein chuchote secrètement une voix étrangère.

Des douleurs, des souffrances inconnues m'assaillent avec une fureur sauvage, et une ardeur étrange brûle mes entrailles.

Mais si dans mon cœur les flammes brûlent sans trêve, si je meurs de souffrance, mon amour, c'est toi qui l'as fait.

———

Chaque compagnon, sa belle à son bras, se promène dans l'allée des tilleuls; moi seul je chemine, que Dieu ait pitié! je chemine seul.

Mon cœur est serré, mon œil s'obscurcit, quand un autre s'égaie avec sa bien-aimée. Car j'ai aussi de douces amours, mais elle demeure si loin, si loin!

Voilà déjà maintes années que je souffre, mais je ne porterai pas plus longtemps ma souffrance ; je bouclerai mon sac, je prendrai mon bâton, et je m'en irai parcourir le monde.

Et je ferai des lieues par centaines, jusqu'à ce que j'arrive à la grande ville : elle brille à l'embouchure d'un fleuve, elle a trois tours orgueilleuses.

Là bientôt s'évanouira mon tourment d'amour, là c'est la joie qui m'attend. Alors, moi aussi, ma douce bien-aimée à mon bras, je cheminerai dans l'allée des tilleuls odorants.

———

Quand je suis près de ma bien-aimée, alors mon cœur s'enivre, je suis riche, et le monde entier m'appartient.

Mais quand il faut m'arracher à ses bras de cygne, alors ma richesse s'évanouit, et je suis pauvre comme un mendiant.

———

Le matin je me lève et je demande : Ma douce bien-aimée vient-elle aujourd'hui? Le soir je succombe et je me plains; aujourd'hui encore elle n'est pas venue.

La nuit je veille dans l'insommie, et le jour je chemine songeur, à moitié endormi.

———

Quelque chose me pousse deçà delà ! Mais peu d'heures, encore, et je la verrai, elle, la plus belle des jeunes filles ! Mon cœur fidèle, pourquoi battre si lourdement ?

Les heures sont des paresseuses vraiment ! Elles se traînent lentement, tout à leur aise, et poursuivent en bâillant leur chemin : « Hâtez-vous donc, ô paresseuses. »

Une hâte fiévreuse me saisit ; les heures n'ont-elles donc jamais aimé ? Cruellement conjurées entre elles, se moquent-elles méchamment de la hâte des amoureux ?

———

Je cheminais sous les arbres, seul avec ma tristesse : alors mon rêve d'autrefois reparut, et se glissa dans mon cœur.

Qui vous a donc appris ce petit mot, petits oiseaux, dans les plaines de l'air ? Silence ! quand mon cœur l'entend, je recommence à souffrir.

Une jeune fille a passé un jour, elle le chantait sans cesse : nous autres, petits oiseaux, nous l'avons entendue, cette charmante parole d'or. »

— Rusés petits oiseaux, ne me racontez plus cela ! Vous voulez me voler mon douloureux secret, mais je ne me fie à personne

———

Chère bien-aimée, mets ta petite main sur mon cœur : hélas! entends-tu comme on frappe dans la chambrette? Là demeure un charpentier méchant et mauvais : il fabrique pour moi un cercueil.

De jour, de nuit, le marteau sans cesse résonne. Il y a bien longtemps déjà qu'il m'a ôté le sommeil. Hâtez-vous donc, maître charpentier, pour que bientôt je puisse dormir.

———

Je voudrais que mes Lieder fussent de petites fleurs; je les enverrais, pour qu'elle les respire, à la bien-aimée de mon cœur.

Je voudrais que mes Lieder fussent des baisers : je les enverrais tous en secret aux joues mignonnes de ma belle.

Je voudrais que mes Lieder fussent de petits pois : j'en ferais une soupe qui serait exquise.

———

Dans le jardin du père se tient cachée une petite fleur triste et pâle ; l'hiver se passe, le printemps souffle, la fleurette reste toujours aussi pâle. La pâle fleur semble une fiancée malade.

La pâle petite fleur me chuchote doucement : « Cher petit frère, cueille-moi ! » Je dis à la fleur : « Je n'en ferai rien, je ne te cueillerai jamais ! Je cherche à grand'peine la fleur rouge pourpre. »

La pâle petite fleur dit : « Cherche deçà, cherche de là, jusqu'à la mort glacée ; tu cherches en vain, tu ne trouveras jamais la fleur couleur de pourpre. Mais, toi, cueille-moi : je suis malade comme toi. »

Ainsi chuchote la pâle petite fleur, et elle me presse instamment. — Alors, tout tremblant, je la cueille en hâte. Et, tout à coup, mon cœur ne saigne plus, mon œil intérieur s'illumine. La paix des anges descend dans mon cœur blessé.

———

Berceau brillant de mes souffrances, belle tombe de mon repos, belle cité, il faut nous séparer : Adieu !

Adieu, seuil sacré où passe ma bien-aimée ; adieu, place sacrée où je l'ai vue la première fois !

Ah ! si pourtant je ne t'avais rencontrée, belle reine des cœurs, je n'aurais jamais été malheureux comme aujourd'hui.

Jamais je n'ai voulu toucher ton cœur, je n'ai jamais mendié l'amour : je ne voulais que passer paisiblement ma vie là où ton haleine respire.

Mais tu me repousses d'ici ; ta bouche prononce des paroles amères ; la folie travaille mes sens, et mon cœur est malade et blessé.

Et, les membres fatigués et paresseux, je me traîne loin d'ici avec mon bâton de pèlerin, jusqu'à ce que je pose ma tête fatiguée, bien loin, dans une fosse glacée.

---

Attends, attends, nautonnier cruel, je te suivrai bientôt au port ; je prends congé de deux jeunes filles, de l'Europe et d'Elle.

Source sanglante, coule de mes yeux; source de sang, épanche-toi, afin qu'avec ce sang brûlant, je puisse écrire mes douleurs.

Hé, mon amour, pourquoi aujourd'hui frissonnes-tu en voyant couler mon sang? De longues années, tu m'as vu devant toi, pâle et le cœur saignant.

Connais-tu encore la vieille chanson du serpent dans le paradis, qui, par le don méchant de la pomme, a causé la perte de notre aïeul?

Des pommes ont causé tout le mal. Ève amena ainsi la mort, Éris les flammes de Troie, et toi les deux choses, flammes et mort.

―――

## SUR LE RHIN

Montagnes et donjons regardent dans le fleuve clair comme un miroir, et mon petit esquif cingle joyeusement, illuminé de l'éclat du soleil.

Tranquille, je regarde le scintillement des vagues qui se replient avec des reflets d'or; silencieusement s'éveillent les pensées qui dormaient au fond de mon cœur.

La magnificence du fleuve me salue et m'attire par d'amicales promesses; mais je le connais; sa surface trompeuse cache au dedans la mort et la nuit.

Au dehors le bonheur, et des embûches dans le sein, fleuve, tu es l'image de ma bien-aimée : elle aussi a l'air si amical, elle aussi sourit doucement.

———

Au commencement, j'étais près de désespérer et je croyais ne jamais y tenir ; et pourtant, j'ai fini par m'y faire, — mais ne me demandez pas comment !

———

Là haut où scintillent les étoiles, s'épanouissent pour nous les joies refusées ici-bas : ce n'est que dans les bras glacés de la mort que la vie peut se ranimer; c'est de la nuit que point la lumière.

———

De roses, de cyprès, et de lames d'or, je voudrais parer avec amour ce livre comme un cercueil, et y ensevelir mes chants.

Oh! si je pouvais aussi y ensevelir mon amour! Sur la tombe de l'amour croît la petite fleur du repos, c'est là qu'elle s'épanouit, c'est là qu'on la cueille; — mais elle ne fleurira pour moi que lorsque je serai dans la fosse.

Ils sont là maintenant, ces chants qui, autrefois, comme un torrent de lave échappé de l'Etna, se précipitaient impétueusement des profondeurs de mon âme, faisant jaillir autour d'eux de brillantes étincelles!

Et les voilà silencieux, semblables à des morts, raidis, et froids et pâles comme le brouillard. Mais quand l'esprit de l'amour vient à planer sur eux, l'ardeur d'autrefois les ranime.

Et dans mon cœur maints pressentiments s'éveillent: un jour l'esprit d'amour répandra sur eux sa rosée; un jour ce livre tombera dans ta main, douce bien-aimée, en lointain pays.

Et voici, le charme magique est rompu : les lettres pâles te regardent, elles regardent suppliantes dans tes beaux yeux, et chuchotent douloureusement avec le souffle de l'amour.

# ROMANCES

## LA CONSÉCRATION

Seul dans la chapelle de la forêt, un jeune garçon était humblement prosterné, pieux et pâle, devant l'image de la Vierge du ciel.

« Oh! Madone, laisse-moi éternellement ici, à genoux sur ce seuil; ne me repousse pas dans le monde glacé du péché.

» Oh! Madone, la chevelure rayonnante de ta tête ondoie au soleil; un suave sourire se joue doucement sur les saintes roses de ta bouche.

» Oh! Madone, tes yeux brillent pour moi, comme des clartés d'étoiles; l'esquif de la vie s'égare, mais les étoiles le conduiront toujours sûrement.

» Oh! Madone, sans chanceler j'ai porté l'épreuve de tes douleurs, me confiant en aveugle aux pieux amours, et ne brûlant que de tes flammes.

» Oh! écoute-moi aujourd'hui; toi, pleine de grâces

et féconde en prodiges ; accorde-moi un signe, rien qu'un signe léger de ta faveur ! »

Alors se manifeste un effrayant prodige : chapelle et forêt en un instant disparaissent. L'enfant ne savait ce qui lui était advenu : tout s'était transformé à la fois.

Et tout surpris il se trouva dans une salle ornée ; là était assise la Madone, mais sans auréole ; elle est changée en une sua... jeune fille, et salue et sourit avec une joie d'enfant.

Et voici, de sa chevelure blonde, elle-même enlève une boucle, et dit à l'enfant avec un accent céleste : « Tiens, prends le meilleur des dons de la terre ! »

Maintenant, parle ! Que veut dire la consécration ? — N'as-tu pas vu flotter des couleurs flamboyantes dans l'azur des cieux ? Les hommes l'appellent l'arc-en-ciel.

Des angelets montent et descendent ; comme enivrés ils battent des ailes, et murmurent des chants merveilleux, d'harmonieux accords.

L'enfant a bien compris ce qui l'attire, avec la flamme du désir, toujours plus loin vers ces pays où fleurit le myrte éternel.

## L'AFFLIGÉ

Il fait mal à tous ceux qui le voient, le pâle enfant qui porte, écrites sur son visage, ses souffrances et ses tristesses.

Le souffle compatissant de l'air rafraîchit son front brûlant ; mainte fillette, d'ailleurs si fière, voudrait d'un sourire soulager sa peine.

Loin du bruit cruel des villes, il se réfugie vers la forêt ; là, les feuilles bruissent gaiement, là résonne le chant des oiseaux.

Mais ce chant bientôt se tait, feuilles et arbres tristement murmurent, quand l'affligé s'est approché à pas lents de la forêt.

---

## VOIX DE LA MONTAGNE

Un cavalier traverse la vallée ombreuse au pas mélancolique et lent de son cheval : « Ah ! vais-je maintenant dans les bras de ma bien-aimée, ou bien vers l'obscure tombe? » La voix de la montagne répond : « L'obscure tombe! »

Et plus loin chevauche le cavalier, et il soupire profondément : « C'est donc vers la tombe que je vais si vite? Bien! Dans la tombe est le repos; » — et la voix répète : « Le repos! »

Sur la joue du cavalier roule tristement une larme : « Hé bien! S'il n'y a pour moi de repos que dans la mort, la mort est la bien venue! » Et la voix répond sourdement : « Bien venue! »

---

## LES DEUX FRÈRES

Là-haut, sur la cime de la montagne, est le château enveloppé par la nuit, mais dans le val brillent des éclairs : les lames reluisantes s'entre-choquent avec furie.

Ce sont des frères enflammés de rage qui se battent en un duel acharné. Parle, pourquoi se battent-ils, l'épée à la main?

La comtesse Laure, avec les étincelles de ses yeux,

a allumé ce combat fratricide : tous deux sont enivrés d'amour pour la noble et gracieuse châtelaine.

Mais vers lequel des deux penche son cœur? Rien n'a pu le découvrir : épées, hors du fourreau ! Décidez !

Et ils combattent avec une intrépidité folle; on entend retentir coup sur coup. Prenez garde, sauvages épées ! Dans l'ombre de la nuit se glissent d'affreux prestiges.

Malheur ! Malheur ! Frères ennemis ! Malheur ! Malheur ! Val du sang ! Les deux champions tombent ensemble, transpercés tous deux par le fer.

Des siècles ont passé, le tombeau couvre bien des générations; et, tristement, du haut de la montagne, le château désolé regarde dans la plaine.

Mais, la nuit, dans le fond du val, on entend marcher doucement, mystérieusement, et quand sonne la douzième heure, le couple fraternel recommence le combat.

## CHANT DU PRISONNIER

Quand ma grand'mère eut ensorcelé la Lise, alors les gens voulurent la brûler; déjà le bailli avait perdu beaucoup d'encre, mais elle ne voulait rien confesser.

Et quand on la mit dans la chaudière, elle cria mort et damnation ; et quand s'éleva l'épaisse fumée, elle s'envola comme un corbeau.

Petite grand'mère, avec tes ailes noires, oh ! viens me visiter dans ma tour ! Viens, vole vite à travers les barreaux, et apporte-moi du fromage et du gâteau !

Petite grand'mère au plumage noir, oh ! puisses-tu seulement, demain, quand je me balancerai en l'air, empêcher que ma tante ne m'arrache les yeux !

---

## LE MESSAGE

Debout, mon page, debout ! Selle vite ton cheval, et vite, vite, en route, à travers champs et forêts, vers le château du roi Duncan !

Glisse-toi dans l'écurie, et attends jusqu'à ce que le palefrenier t'aperçoive. Demande-lui alors : « Parle ! quelle est celle des filles de Duncan qui est fiancée ? »

Et si le palefrenier dit : « C'est la brune ; » — apporte-moi tout de suite la nouvelle. Mais s'il répond : « C'est la blonde ; » — alors, ne te hâte pas.

Puis va chez le maître cordier, et achète-moi une corde; chevauche lentement, ne dis mot, et apporte-la-moi.

---

## L'ENLÈVEMENT

Je ne pars pas seul, ma belle maîtresse ; il faut que tu chemines avec moi vers ma vieille, et chère, et triste cellule, dans la maison froide, et sombre, et lugubre, où ma mère est accroupie à l'entrée, et épie le retour de son fils.

« Laisse-moi, sombre compagnon ! Qui t'a appelé ? Ton souffle brûle, ta main est de glace, ton œil étincelle, ta joue est pâle... Mais moi je veux m'égayer joyeusement du parfum des roses et de l'éclat du soleil. »

Laisse les roses embaumer, laisse briller le soleil, ma douce petite bien-aimée! Enveloppe-toi du voile blanc aux plis flottants, et fais résonner les cordes de la lyre, et chante un chant de noces : le vent de la nuit nous sifflera l'air.

---

## DON RAMIRO

« Donna Clara! Donna Clara! Toi que j'adore depuis des années, tu as donc résolu ma perte! Tu l'as résolue sans merci!

» Donna Clara! Donna Clara! Le don de la vie est pourtant une douce chose! Mais là-bas il fait horrible, dans la sombre nuit du tombeau.

» Donna Clara! Donna Clara! Réjouis-toi! Demain, Fernando, à l'autel, sera ton époux. — M'inviteras-tu à la noce?

» — Don Ramiro! Don Ramiro! Tes paroles amères, plus amères que la sentence des étoiles qui se raillent de ma volonté.

» Don Ramiro! Don Ramiro! Secoue ta sombre folie; il y a sur la terre beaucoup de jeunes filles, — mais Dieu nous a séparés.

» Don Ramiro! Toi qui as vaincu intrépidement tant de Mores, sois maître de toi maintenant! Mon bien-aimé, viens à ma noce demain! »

— « Donna Clara! Donna Clara! Oui, je voudrai, j'en fais serment, je veux danser avec toi, avec toi je veux ouvrir la danse; bonne nuit! je viendrai demain!...

» Bonne nuit! » — La fenêtre se ferme. Don Ramiro, soupirant, resta là longtemps comme pétrifié. Puis il s'éloigna dans l'obscurité.

Enfin, après une longue lutte, la nuit doit aussi céder au jour. Comme un jardin de fleurs diaprées, Tolède apparaît.

A l'éclat du soleil resplendissent palais et demeures somptueuses, et les hautes églises aux coupoles dorées.

Comme le bourdonnement d'un essaim d'abeilles, on entend résonner le son des cloches de fête, et, des maisons de Dieu, montent des prières et de pieux cantiques.

Mais là-bas, voyez, voyez! De la chapelle du marché s'écoule à flots pressés la foule bigarrée du peuple.

Brillants cavaliers, femmes parées, et gens de cour en grand costume! et les cloches argentines résonnent, et l'orgue retentit.

Mais au milieu de la foule qui s'écarte avec respect, s'avance le jeune couple en habits de fête : Donna Clara, Don Fernando.

Jusqu'à la porte du palais du fiancé, la cohue populaire les accompagne : là commence la fête des noces, avec la pompe des anciennes coutumes.

Jeux chevaleresques et festins joyeux alternent à grand bruit ; les heures s'enfuient rapides jusqu'au crépuscule de la nuit.

Et pour la danse se rassemblent dans la grand'salle les hôtes de la noce ; leurs brillants habits de fête resplendissent à l'éclat des lumières.

Sur des sièges élevés, l'époux et l'épouse viennent s'asseoir : Donna Clara, Don Fernando échangent de doux propos.

Et, dans la salle, ondoient gaiement les groupes en grande parure, et les timbales bruyantes frémissent, et les trompettes sonnent.

« Mais pourquoi, ma belle épouse, tes regards se tournent-ils là-bas, vers l'angle de la salle ? » — Ainsi parle le chevalier étonné.

— « Ne vois-tu donc pas là, don Fernando, l'homme en manteau noir ? » — Et le chevalier sourit gracieusement : « Mais ce n'est qu'une ombre ? » dit-il.

Pourtant l'ombre s'approche, et c'est bien un homme en manteau, et, reconnaissant tout à coup don Ramiro, Clara, prise d'un ardent amour, le salue.

Et la danse a déjà commencé; les danseuses tournent gaiement dans les cercles emportés de la valse, et le parquet bruit et tremble.

« Bien volontiers, don Ramiro, je veux t'accompagner à la danse, — mais tu n'aurais pas dû venir dans ce noir manteau. »

Avec des yeux perçants et fixes, Ramiro regarde la belle, et, l'entourant de son bras, il parle : « N'as-tu pas dit que je devais venir? »

Et le tourbillon impétueux de la danse emporte les deux danseurs, et les timbales bruyantes frémissent, et les trompettes sonnent avec éclat.

« Mais tes joues sont blanches comme la neige », chuchote Clara qui tremble en secret. « N'as-tu pas dit que je devais venir? » murmure sourdement Ramiro.

Et, dans la salle, la lumière des bougies vacille sur la foule ondoyante, et les timbales bruyantes frémissent, et les trompettes sonnent avec éclat.

« Mais tes mains sont glacées! » dit à demi-voix Clara qui frissonne. — « N'as-tu pas dit que je devais venir? » Et le tourbillon toujours les entraîne.

— « Laisse-moi, laisse-moi, don Ramiro! ton souffle est celui d'un mort! » — Et toujours ces sourdes paroles : « N'as-tu pas dit que je devais venir? »

Et le parquet bruit et tremble; joyeusement ré sonnent violons et basses. Comme un monde insensé, dans la salle tout tournoie.

« Laisse-moi, laisse-moi, don Ramiro! » répète-t-elle d'un accent plaintif, emportée dans le tourbillon, et don Ramiro réplique toujours : « N'as-tu pas dit que je devais venir? »

— « Maintenant, au nom de Dieu le Père, va-t'en! » s'écrie Clara d'une voix ferme, et, ce mot à peine prononcé, Ramiro a disparu.

Clara reste immobile, la mort sur le visage; frissonnante et enveloppée d'ombres, l'évanouissement emporte la brillante beauté dans son obscur empire.

Enfin, ce demi-sommeil vaporeux cède, elle entr'ouvre les paupières, — mais la surprise, de nouveau, va fermer ses beaux yeux.

Car, depuis qu'a commencé la danse, elle n'a pas quitté sa place, et elle est assise encore près du marié, et le chevalier, plein de sollicitude, demande :

« Parle! Pourquoi pâlissent tes joues? Pourquoi

les yeux sont-ils si sombres? » — « Et Ramiro! » bégaie Clara, et l'horreur paralyse sa langue.

Mais des plis profonds sillonnent le front du marié : « Madame, ne demandez pas des nouvelles de sang! Aujourd'hui, à midi, est mort Ramiro. »

---

## LES MINNESINGER

Les Minnesinger, les chantres d'amour, accourent aujourd'hui à la joute du chant. Ah! ce sera une lutte étrange, le plus étrange des tournois.

La fantaisie est le cheval du Minnesinger, cheval écumant et sauvage; l'art lui sert de bouclier, et la parole est son glaive.

Du haut du balcon pavoisé, de belles dames regardent gaiement; mais la véritable dame n'est pas parmi elles, avec la vraie couronne de lauriers, la couronne de myrtes de la victoire.

D'autres gens sont bien portants quand ils s'élancent dans la lice; mais, nous autres minnesinger, nous y apportons déjà la blessure mortelle.

Et celui dont les chants sortent avec son sang du

plus profond du cœur, celui-là est victorieux, et il emporte la meilleure louange de la bouche la plus belle.

---

## ALMANSOR MOURANT

Sur Zuleima endormie tombent des larmes brûlantes; mes pleurs baignent à flots sa main blanche comme le cygne.

Sur Zuleima endormie, tombe mon sang en gouttes rouges, et elle soupire péniblement en songe, et j'entends battre son petit cœur.

Hélas! la douleur est née muette, sans langue dans la bouche, elle n'a que des larmes, elle n'a que du sang, le sang de sa blessure mortelle.

---

## LA FENÊTRE

Le pâle Henri passait; la belle Hedwige était à sa fenêtre. Elle disait à mi-voix : « Que Dieu m'assiste! Celui-là est aussi blême que les spectres! »

Il leva les yeux, ses yeux languissants, vers la fenêtre. Quelque chose comme le mal d'amour saisit la belle Hedwige : elle aussi devint pâle comme les spectres.

Jour après jour, avec son mal d'amour, la belle Hedwige se tint dès lors, épiant, à sa fenêtre. Mais bientôt elle fut dans les bras d'Henri, nuits après nuits, à l'heure des spectres.

---

## LE CHEVALIER BLESSÉ

Je sais une vieille histoire, une histoire triste et sombre : Il y avait un chevalier malade d'amour, — mais sa bien-aimée est infidèle.

Il faut qu'il la méprise, parce qu'elle est perfide ; ses propres peines d'amour, il faut qu'il en rougisse.

Il voudrait chevaucher dans la lice, et provoquer les chevaliers au combat : « Qu'il s'apprête à croiser le fer, celui qui osera soutenir que ma dame n'est pas sans tache ! »

Alors tous se tairaient sans doute, mais pas sa propre douleur : il faudrait ainsi qu'il tournât sa lame contre son propre cœur qui accuse celle qu'il aime.

## SUR LE RHIN

J'étais appuyé au mât, et je comptais les vagues. Adieu, ma belle patrie! Comme ma nef cingle vite!

Je passai devant la maison de ma bien-aimée; les vitres des fenêtres brillent; je regarde à perdre les yeux, — mais personne ne me fait signe.

Ne coulez pas, mes pleurs, pour obscurcir ma vue. Mon cœur malade, ne te brise pas dans ta douleur trop grande.

---

## LA CHANSON DES REGRETS

Le chevalier Ulrich chevauche dans la forêt verte; joyeusement bruissent les feuilles. Il aperçoit une gracieuse figure de jeune fille, épiant à travers les branches.

Le chevalier dit : « Je la connais bien, cette éblouissante figure; partout je la retrouve, qui me charme et m'attire, dans la foule humaine comme dans la solitude.

» Ses fraîches lèvres souriantes sont deux petites roses, — mais mainte parole haineuse et amère se glisse perfidement entre elles.

» Aussi cette petite bouche ressemble exactement à ces buissons de roses, où les vipères rusées sifflent dans le feuillage obscur.

» Cette fossette adorable dans ces joues mignonnes, c'est la fosse où m'attire un désir insensé.

» Cette adorable boucle de cheveux qui tombe de la plus belle tête, c'est le réseau magique dans lequel m'a pris le malin.

» Et ce bel œil bleu, aussi clair que la vague tranquille, je l'ai pris pour la porte du ciel, mais c'était celle de l'enfer. »

Le chevalier Ulrich chevauche plus loin dans la forêt; les feuilles bruissent sinistrement. Il aperçoit de loin une autre figure, une figure si triste, si pâle !

Le chevalier dit : « O ma mère, toi qui m'aimais avec tant de tendresse, c'est moi qui ai cruellement troublé ta vie, par mes actions et mes paroles méchantes !

» Que ne puis-je, avec l'ardeur de mes chagrins, sécher tes yeux humides ! Que ne puis-je rougir tes joues avec le sang de mon cœur ! »

Et plus loin chevauche le chevalier Ulrich; il commence à faire sombre dans la forêt; des voix étranges se font entendre, les vents du soir murmurent.

Le chevalier entend l'écho de ses paroles lui revenir de toutes parts : ce sont les oiseaux moqueurs de la forêt qui sifflent bruyamment et qui chantent :

« Le chevalier Ulrich chante une jolie chanson, la chansonnette des regrets; et, quand il l'aura chantée jusqu'au bout, alors il la recommencera. »

---

## A UNE CANTATRICE

### QUI CHANTAIT UNE VIEILLE ROMANCE

Je pense encore à la première fois que je rencontrai l'enchanteresse ! Quand ses accents résonnaient doucement et pénétraient dans mon cœur, des larmes mouillèrent mes joues, — je ne savais pas ce qui m'advenait.

Un songe s'était emparé de moi; il me semblait être encore enfant, et j'étais pieusement assis, à la lueur de la lampe, dans la petite chambre de ma mère, et je lisais de beaux contes merveilleux; — au dehors le vent et la nuit.

Les contes se mettent à revivre, les chevaliers remontent du tombeau; on se bat à Roncevaux : Roland arrive sur son coursier, beaucoup de braves épées l'accompagnent, et malheureusement aussi Ganelon, le traître !

Ganelon, traîtreusement, lui accommode sa couche ; il nage dans son sang et respire à peine; à peine si le signal de son cor a pu venir à l'oreille de Karl le Grand; il faut que le chevalier expire déjà, et, avec lui mon rêve.

Ce fut un bruit confus qui me tira de mes songes. La légende était finie, les gens battaient des mains et criaient des *bravos* sans fin ; la cantatrice s'inclinait profondément.

---

## AVERTISSEMENT

La mère disait à la petite abeille : « Prends garde à l'éclat des bougies! » Mais de ce que dit la mère, la petite abeille n'en prend souci.

Elle bourdonne autour de la lumière, elle bourdonne : Soumm ! soumm ! Elle n'entend pas la mère crier : « Petite abeille! petite abeille ! »

Jeunesse, folle jeunesse, que l'éclat attire, attire dans ses flammes ! Petite abeille ! petite abeille !

La flamme rouge pétille, pétille et donne la mort. « Garde-toi des jeunes filles, garde-toi, mon enfant ! »

---

## LA CHANSON DES DUCATS

Mes bons ducats d'or, dites, où vous en êtes-vous allés ?

Êtes-vous chez ces petits poissons d'or qui s'ébattent joyeusement dans le ruisseau ?

Êtes-vous chez les petites fleurs d'or qui étincellent dans la rosée du matin sur la verte prairie ?

Êtes-vous chez les petits oiseaux d'or qui, tout enveloppés de lumière, folâtrent là-haut dans l'azur ?

Êtes-vous chez les petites étoiles d'or qui sourient chaque nuit au ciel, dans un fourmillement lumineux ?

Hélas ! mes ducats d'or, vous ne nagez point dans les flots du ruisseau, vous n'étincelez point sur la prairie verte, vous ne planez point dans l'air azuré, vous ne souriez pas au ciel étoilé ! — Ce sont les usuriers, à coup sûr, qui vous tiennent dans leurs serres.

## DIALOGUE DANS LA LANDE DE PADERBORN

N'entends-tu pas des sons lointains, des sons de viole et de basson? C'est sans doute un essaim de belles filles qui dansent légèrement la danse ailée?

« Hé! mon ami, quelle méprise! Il n'y a ni viole, ni basson : je n'entends autre chose que les petits cochons de lait, et les pourceaux qui grognent. »

N'entends-tu pas le son du cor dans les bois? Ce sont de joyeux bruits de chasse; je vois de blancs agneaux paissant, des bergers jouent du chalumeau.

« Ami, ce que tu entends, ce n'est ni cor de chasse ni chalumeau : je ne vois venir que le porcher qui chasse ses bêtes à l'étable. »

N'entends-tu pas une voix lointaine, douce comme un chant alterné? Les petits anges battent des ailes, et applaudissent à ces accords.

« Hé! ce qui résonne si harmonieusement, ce n'est point un chant alterné, mon très cher : des gardeurs d'oies poussent devant eux, en chantant, leurs petits oisons. »

N'entends-tu pas tinter les cloches merveilleusement douces et claires? De pieux fidèles cheminent dévotement vers la chapelle du village.

« Hé! mon ami, ce sont les clochettes des bœufs et des vaches qui, la tête basse, reviennent vers leur étable. »

Ne vois-tu pas flotter un voile, comme un signal discret? Là j'aperçois la bien-aimée, les yeux humides de chagrin.

« Ami, je ne signale rien que la femme de la forêt, la Lise, pâle et maigre, s'appuyant sur sa béquille, qui s'en va du côté de la prairie. »

Hé bien! ris à ton aise de mes questions fantastiques! Tu ne pourras jamais changer en illusions ce que je porte au plus profond de mon sein.

---

## LE RÊVE ET LA VIE

Le jour brûlait, mon cœur brûlait aussi, et je portais silencieusement çà et là ma douleur. Et quand vint la nuit, je me glissai vers la rose épanouie dans son recoin tranquille.

Je m'approchai doucement et silencieusement comme la mort. Seulement des larmes ruisselaient sur mes joues. Je regardai dans le calice de la rose; il en sortit comme un reflet brûlant.

Et, joyeux, je m'endormis près du rosier ; alors un rêve ironique et décevant commença, je vis une figure rosée de jeune fille, le sein enveloppé d'un corsage rose.

Elle me donna quelque chose de charmant, moelleux et rose ; je le portai aussitôt dans une maisonnette d'or ; dans la maisonnette tout s'agite d'une manière étrange et confuse ; un petit peuple y danse une ronde mignonne.

Là, sans repos ni trêve, dansent douze danseurs : ils se tiennent étroitement par la main, et quand une danse finit, l'autre recommence.

Et la musique de la danse murmure à mon oreille : « La plus belle des heures jamais ne revient : ta vie entière n'était qu'un songe, et cette heure était un rêve dans ton rêve. »

Le songe avait fui, le matin venait, vite mon œil regarda vers la rose : ô douleur ! au lieu de la brûlante étincelle, un froid insecte était caché dans son calice.

## SUR UN ALBUM

*A Alexandre, prince de Wurtemberg.*

Notre terre est une immense grande route; nous autres hommes, nous sommes les voyageurs; on court, on se presse, à pied, à cheval, comme des coureurs ou des courriers.

On se devance, on se fait signe de la voiture en agitant son mouchoir; volontiers on se serait embrassé en payant, — mais les chevaux avancent toujours.

A peine nous sommes-nous rencontrés, cher prince Alexandre, à la même station, le cor du postillon sonne le départ, et il faut nous quitter.

---

## A VOUS

Quand le printemps arrive avec son brillant soleil, les petites fleurs éclosent et s'épanouissent; quand la lune commence sa rayonnante carrière, les petites étoiles cinglent derrière elle; quand le poëte aperçoit deux yeux charmants, les Lieder jaillissent du fond de son âme : — mais les Lieder, les étoiles et les petites fleurs, les yeux charmants, le rayonnement de la lune et l'éclat du soleil, quelque plaisant que tout cela puisse être, tout cela est bien loin encore de faire un monde.

# SONNETS

# TROIS SONNETS A A. W. DE SCHLEGEL

## 1

Le ver le plus malfaisant, les pensées du doute; le plus mortel poison, la désespérance en sa propre force, — tout cela était près de dessécher en moi la moelle de la vie : j'étais un rameau qui manquait d'appui.

Tu pris en pitié le pauvre rameau ; tu le laissas s'enlacer à ta parole bienveillante, et c'est à toi, maître, si le pauvre rameau se couvre un jour de fleurs, que je le devrai.

Oh ! puisses-tu veiller ainsi sur lui, jusqu'à ce qu'il devienne un arbre, et orne le jardin de la belle fée qui t'a élu pour son favori !

C'est de ce jardin que ma nourrice me disait qu'on y entend un murmure secret d'une merveilleuse douceur, que les fleurs y parlent et que les arbres y chantent.

## II

En robe à paniers, et toute chargée de fleurs, de petites mouches sur ses joues fardées, en souliers à poulaine couverts de broderies, coiffure haute comme une tour, et corsage de guêpe,

Ainsi était accommodée la Muse, la Muse bâtarde, lorsqu'elle vint un jour pour t'embrasser : mais tu te détournas d'elle, et tu poursuivis ta course aventureuse, poussé par un vague instinct.

Alors tu aperçus un château dans une solitude abandonnée, et là se trouvait, semblable à une pure statue de marbre, la plus belle des jeunes filles, plongée dans un sommeil magique.

Mais ta parole fit bientôt cesser l'enchantement; la véritable Muse d'Allemagne s'éveilla souriante, et, ivre d'amour, tomba dans tes bras.

## III

Non content de ce qui t'appartenait, le rocher de Nibelungen, sur le Rhin, devait encore t'abreuver à sa source jaillissante ; tu reçus les dons merveilleux de la Tamise, et tu cueillis hardiment la fleur des rives du Tage.

Sur les bords du Tibre tu as exhumé aussi maint joyau ; la Seine paya tribut à ta gloire ; tu pénétras jusqu'au sanctuaire de Brahma, et voulus posséder les perles du Gange.

Crois-moi, homme avide, contente-toi de ce qui, si rarement, a été accordé aux mortels : au lieu d'acquérir toujours, songe à prodiguer ;

Et des trésors que tu as infatigablement conquis au nord et au midi, enrichis maintenant ton avide héritier.

---

## A G. SARTORIUS, A GŒTTINGUE

L'attitude du corps est impérieuse et fière, mais on voit la douceur se jouer sur les lèvres ; l'œil étincelle, et les muscles palpitent, mais la parole coule tranquille.

Tel es-tu dans ta chaire, parlant de l'économie des États, de la prudente allure des Cabinets, de la vie populaire, des divisions et de la reconstruction de l'Allemagne.

Ta figure jamais ne s'effacera de ma mémoire ; dans nos temps d'égoïsme et de grossièreté, cette image de noble grandeur nous console.

Mais ce que tu m'as dit avec une douceur paternelle, aux heures tranquilles de la confiance, je le garde fidèlement au plus profond de mon cœur.

---

## A J.-B. ROUSSEAU

Ton souvenir amical m'arrive, et pénètre dans la chambre obscure de mon cœur; je me sens rafraîchi comme par un magique battement d'ailes, et les images de la patrie me saluent.

Je revois le vieux Rhin qui coule, montagnes et châteaux se mirent dans son azur, les fleurs s'épanouissent, les grappes d'or brillent sur les coteaux que gravissent les vendangeurs.

Oh! que ne puisse-je aller à toi, ami fidèle, à toi qui me restes attaché comme le lierre vert au mur croulant!

Que ne puisse-je aller à toi, et écouter tranquillement tes vers, pendant que le rouge-gorge chante, et que le murmure du Rhin m'enivre doucement!

---

## A FRANZ DE Z.

Une étoile d'or vers le Nord m'attire : adieu, mon frère, pense à moi en lointain pays. Reste fidèle à la poésie, n'abandonne jamais la douce fiancée ! Garde dans ton cœur, comme un trésor, la parole allemande, si belle et si chère ! Et si tu viens un jour vers les rives du Nord, écoute, écoute jusqu'à ce qu'un bruit s'élève et plane sur les vagues solennelles... Alors ce pourra bien être le Lied du chantre bien connu qui s'avance au-devant de toi. Alors, toi aussi, fais résonner les cordes de ta lyre, et apprends-moi mainte bonne nouvelle; dis-moi ce que tu deviens, toi, mon poète fidèle, et ce que font tous ceux que j'aime, et la belle jeune fille qui charme tant de jeunes hommes et fait naître en eux tant d'ardeurs, la rose fleurissant parmi les fleurs du Rhin ! Et donne-moi aussi des nouvelles de la patrie. Dis-moi si elle est toujours le pays de l'amour fidèle, si l'ancien Dieu demeure toujours en Allemagne, et si personne ne paie plus tribut au mal. Et en même temps que tes chants résonneront ainsi, m'apportant de joyeux messages, le poète se réjouira au pays du Nord, près des flots du lointain rivage.

## A MA MÈRE, B. HEINE,

### NÉE DE GELDERN

#### I

J'ai pour habitude de porter haut la tête; je suis, de nature, un peu roide et tenace, et, quand le roi lui-même me regarderait en face, je n'abaisserais pas les yeux.

Pourtant, mère bien-aimée, je veux le dire tout haut, quelque orgueilleusement que se gonfle mon cœur, souvent, en ta douce et confiante présence, je me sens pris d'une humble crainte.

Est-ce ton esprit qui, secrètement, me maîtrise, ton noble esprit qui pénètre hardiment toutes choses, et s'élève étincelant jusqu'à la lumière du ciel?

Ou bien est-ce le ressouvenir d'avoir commis tant de fautes qui ont contristé ton cœur, ce noble cœur qui m'a tant aimé?

#### II

Dans une heure de fougue insensée, je t'ai quittée un jour : je voulais aller jusqu'au bout du monde et voir si je rencontrerais l'amour, pour le saisir et l'embrasser éperdument.

J'ai cherché l'amour sur tous les chemins; j'étendais la main devant chaque seuil, et je mendiais une pauvre aumône d'amour, — mais on ne me donna, en riant, que la froide haine.

Et toujours, toujours, j'errais après l'amour, mais je ne l'ai trouvé nulle part, et je suis revenu au logis, malade et triste.

Là, tu es venue au-devant de moi, et alors ce que j'ai vu briller dans tes yeux, c'était l'amour, le doux amour si longtemps cherché!

---

## A M. STR.,
### APRÈS AVOIR LU SON ÉCRIT SUR L'ANCIEN ART ALLEMAND

Quand j'eus ouvert hâtivement ton livre, voilà que me saluent des images bien connues, des images d'or, que j'avais vues autrefois dans mes jours et mes rêves d'enfant.

Je le revois, qui s'élance hardiment vers le ciel, le pieux dôme qu'a construit la foi allemande; j'entends les accords des cloches et de l'orgue, et tout au travers résonnent comme de douces plaintes d'amour.

Mais je les vois aussi comme ils grimpent sur le

dôme, les petits nains agiles qui ont le front de s'attaquer à lui, pour en briser les fleurs charmantes et les fines sculptures.

Pourtant, on a beau effeuiller le chêne, et le dépouiller de sa parure verte, — vienne un nouveau printemps, il se couvrira d'un nouveau feuillage.

---

# SUR LE PROJET DU MONUMENT DE GOETHE

## A FRANCFORT

Écoutez, hommes d'Allemagne, femmes et jeunes filles, recueillez infatigablement des souscriptions ; les bourgeois de Francfort ont résolu d'ériger un monument en l'honneur de Goethe !

« En temps de foire, se sont-ils dit, le trafiquant étranger verra que nous sommes les concitoyens du grand homme, que cette fleur splendide est sortie de notre sol, — et l'on nous ouvrira des crédits illimités. »

Messieurs les hommes d'affaires, laissez au poète ses lauriers, et gardez votre argent ! Gœthe lui-même s'est érigé son monument.

Un jour il fut des vôtres dans les boues de Windeln,

mais aujourd'hui tout un monde vous sépare de Gœthe, vous qu'un filet d'eau sépare de Sachsenhaeuser [1].

---

## BAMBERG ET WURZBOURG [2]

Dans l'une et l'autre banlieue coule la source de la grâce, et il s'y accomplit chaque jour des miracles par milliers. On voit le prince assiégé de malades qu'il guérit sur l'heure.

Il dit : « Levez-vous et marchez! » Et alertes et agiles, on voit les paralytiques eux-mêmes s'en aller de céans. Il parle : « Ouvrez les yeux et voyez! » Et les aveugles nés eux-mêmes voient clair.

Un disciple s'approche, poussé par l'hydropisie, il implore : « Guéris, thaumaturge, guéris mon corps! » Et le prince le bénit et dit : « Va, et écris! »

A Bamberg et à Würzbourg, ces choses font un bruit incroyable. Crier tout haut au miracle! Le disciple a déjà écrit neuf drames.

[1]. Petite ville, en face de Francfort, de l'autre côté du Mein, et à laquelle les Francfortois ont fait de tout temps une réputation de grossièreté.
[2]. Ce sonnet a trait au prince de Hohenlohe, le thaumaturge, et au fécond dramaturge, Joseph d'Auffenberg.

## AUCASSIN ET NICOLETTE

#### OU L'AMOUR AU BON VIEUX TEMPS

*A J.-F. Koreff.*

Tu as déployé un tapis diapré où sont brodées de brillantes figures : c'est le combat de puissances ennemies, le croissant en guerre avec la croix.

Éclats de trompettes ! Le combat se prépare. Ceux qui s'étaient juré fidélité languissent dans les fers ; les chalumeaux résonnent dans les plaines de la Provence ; le sultan s'avance dans le bazar de Carthage.

Toutes ces splendeurs changeantes et variées nous charment ; nous errons comme dans une solitude enchantée, jusqu'au moment où l'amour et la lumière l'emportent sur la haine et la nuit.

Maître, tu as bien connu la puissance des contrastes, et, dans nos temps mauvais, tu as ressuscité l'image de l'amour au bon vieux temps.

## LA NUIT SUR LE DRACHENFELS

*A Fritz de B.*

A minuit on avait déjà escaladé le vieux château en ruines ; un tas de bois flambait au pied des murailles ; tout autour les jeunes hommes s'étaient accroupis, et le chant des saintes victoires de l'Allemagne retentissait.

Nous vidions des cruches de vin du Rhin à la prospérité de l'Allemagne. Des ombres de chevaliers nous entouraient frissonnantes, de nébuleuses figures de femmes flottaient devant nous.

Du fond des tours s'élève un gémissement : cliquetis de fers, bruissement de chaînes, croassement de choucas, et, tout au travers, mugit avec furie la rafale du nord.

Voilà, mon ami, la nuit que j'ai passée sur le haut Drachenfels : malheureusement pour moi, je revins enrhumé au logis.

## A FRITZ STEINMANN

### FEUILLE D'ALBUM

Les mauvais l'emportent, les braves succombent; au lieu des myrtes on ne vante que les peupliers décharnés où le vent du soir siffle bruyamment; au lieu de l'ardeur concentrée, on ne veut que des feux de paille.

En vain tu laboureras le Parnasse, et feras éclore fleur sur fleur, image sur image; en vain tu te fatigueras jusqu'à mourir : tu ne sais pas crételer avant d'avoir pondu.

Il faut encore que tu cornes comme un taureau de combat, que tu apprennes à libeller des factums agressifs et défensifs, et que tu sonnes à coups redoublés de la trompette.

Aussi n'écris pas pour la postérité, travaille pour la plèbe, que les coups à effet soient le levier de ta poésie : alors la galerie te mettra bientôt au rang des demi-dieux.

## SONNETS A LA FRESQUE

*A Christian Sethe.*

Je ne danse pas avec eux, je n'encense pas les fétiches qui sont d'or en dehors et de sable au dedans; quand un mauvais drôle qui voudrait secrètement vilipender mon nom, me tend la main, je ne donne pas la mienne.

Je ne m'incline pas devant ces jolies courtisanes qui font insolemment parade de leur honte; je ne m'attelle pas avec la populace au char triomphal de ses vaines idoles.

Je sais bien que le chêne doit tomber tandis que le roseau qui se courbe à tout vent, reste debout près du ruisseau.

Mais qu'adviendra-t-il à la fin de ce roseau? Quelle fortune quand il sera la badine d'un petit-maître, ou la houssine d'un décrotteur!

———

Donnez un masque! Je veux me travestir en vaurien, afin que les gueux qui paradent orgueilleusement en masques de caractères, ne se figurent pas que je suis des leurs.

A l'aide de paroles et de façons grossières je veux me plonger dans la populacerie; je veux renier ces beaux traits d'esprit avec lesquels on voit coqueter aujourd'hui tant de maîtres-sots.

Je danserai ainsi dans le grand bal masqué, au milieu d'une troupe de chevaliers teutons, de moines, de rois, salué par Arlequin, reconnu d'un petit nombre.

Tous me rosseront avec leurs épées de bois. Voilà ce qui sera le plus drôle; car si j'allais jeter le masque, tout ce gibier de potence deviendrait muet.

―――

Je me ris de ces fats absurdes qui me regardent, les yeux écarquillés, avec leurs figures de boucs; je me ris des renards qui, d'un air méchant et froid, m'envisagent dédaigneusement, la bouche béante.

Je me ris des singes savants qui se gonflent vaniteusement en pédants d'école; je me ris des lâches coquins qui me menacent de leurs armes empoisonnées.

Quand les colifichets de la fortune sont brisés par la main du sort, et gisent en morceaux à nos pieds ;

Et que dans notre sein notre cœur est brisé, mis en pièces, et tout transpercé, — alors nous reste encore le bon rire aux éclats.

---

Un conte merveilleux hante, la nuit, mon cerveau, et dans ce conte résonne une belle chanson, et dans la chanson vit, et rit, et fleurit une tendre jeune fille, admirablement belle.

Et dans la jeune fille habite un petit cœur, mais dans ce petit cœur nul amour ne brûle : dans cette âme glacée et sans amour, il n'y a qu'orgueil et dédains.

Entends-tu comme le conte bruit dans ma tête, et comme la chansonnette bourdonne sérieuse et triste, et comme la fillette ricane à voix basse ?

Je crains seulement que mon cerveau n'éclate : ne serait-ce pas chose horriblement triste si ma raison allait sortir de sa vieille ornière ?

---

Aux heures silencieuses et attristées du soir, les Lieder depuis longtemps oubliés m'enveloppent de leurs accords, et des larmes descendent sur mes joues, et le sang coule de la vieille blessure de mon cœur.

Et, comme dans le cadre d'un miroir magique, je revois l'image de ma bien-aimée; elle est assise, en corsage rouge, à sa table de travail, et, dans son bienheureux entourage, règne le silence.

Mais tout à coup elle se lève de son siège, et coupe de sa tête la plus belle boucle, et me la donne : — de joie, je suis effrayé.

Méphisto m'a gâté mon bonheur : de ces cheveux il a fait une corde solide, et, depuis des années, avec cette corde il me mène deçà delà.

---

« Lorsque je te revis, il y a une année, tu ne m'as pas embrassé en signe de bienvenue. » Ainsi parlais-je, et la bouche vermeille de la bien-aimée imprima sur mes lèvres le plus doux baiser.

Et, souriant doucement, elle cueillit une branche au myrte de sa fenêtre : « Prends et plante ce rameau en terre, et mets un verre dessus, » — dit-elle en me faisant un signe amical.

Il y a longtemps de cela. Le rameau est mort dans son vase. Elle-même, je ne l'ai pas vue depuis des années, mais son baiser me brûle encore.

Et, dernièrement, il m'a ramené de bien loin, là où demeure la bien-aimée. Toute la nuit je suis resté devant sa maison, et ce n'est que le matin que je m'en suis allé.

---

Garde-toi, mon ami, des méchantes grimaces des démons, mais plus dangereuses encore sont les douces minauderies des anges : un ange m'offrit un jour un doux petit baiser, mais quand je m'approchai, je sentis des griffes aiguës.

Garde-toi, mon ami, des vieux matous noirs, mais plus perfides encore sont les jeunes chattes blanches ; de l'une d'elles je fis une fois mon petit trésor, mais mon petit trésor m'a déchiré le cœur.

O doux petit masque, fillette si douce, comment ton œil limpide put-il me tromper ? Comment ta petite patte put-elle me lacérer le cœur ?

O petite patte si douce de ma petite chatte ! Que ne puis-je te presser sur mes lèvres brûlantes, et mon cœur en saigner jusqu'à mourir !

Ah ! ma pauvreté finirait bien vite si je savais artistement manier le pinceau, et orner élégamment d'images diaprées les parois orgueilleuses des églises et des châteaux !

Combien d'offrandes d'or m'arriveraient de toute part, si je savais tirer de la flûte, du violon, ou du clavier, des accords si touchants et si doux que dames et messieurs en battraient des mains !

Mais, hélas ! pauvres que nous sommes, Mammon n'a jamais pour nous un sourire, et moi je n'ai jamais pratiqué que toi, ô Poésie ! le plus indigent de tous les arts.

Hélas ! et quand d'autres s'enivreraient à pleines coupes de vin de Champagne, il me faudrait rester là altéré, ou, tout au moins, boire à crédit !

———

Le monde n'est pour moi qu'une chambre de torture, où l'on m'a suspendu par les pieds, et déchiré le corps avec des tenailles brûlantes, et serré dans d'étroits crampons de fer.

J'ai crié affreusement à ces douleurs sans nom ; le sang coulait à flots de ma bouche et de mes yeux ;

alors une jeune fille qui passait, me donna vite le coup de grâce avec un marteau d'or.

Curieuse, elle regarde mes membres palpiter convulsivement, et ma langue qui sort toute sanglante de ma bouche.

Curieuse, elle écoute les derniers battements de mon cœur; mon dernier râle est pour elle une musique, et, moqueuse, elle reste là avec un froid sourire.

———

Tu m'as vu souvent en guerre avec ces rustres, chats fardés et barbets en lunettes, qui se plaisent à salir mon nom, et sont heureux de me perdre à coups de langue.

Tu as vu souvent les pédants se gausser de moi, des gens coiffés du bonnet de la folie m'assourdir du bruit de leurs clochettes, des serpents venimeux s'enlacer autour de mon cœur... Tu as vu mon sang jaillir de mille blessures.

Mais tu es resté ferme comme une tour, ta tête a été pour moi un phare dans l'orage, et ton cœur fidèle un port sûr.

Tout autour, les hautes vagues s'amoncellent avec

furie, bien peu de vaisseaux peuvent y jeter l'ancre, mais quand une fois on y est, on peut dormir tranquille.

---

Je voudrais pleurer, mais je ne saurais; je voudrais m'élever puissamment vers le ciel, mais il faut que je reste attaché à la terre, au milieu des croassements et des sifflements d'une vermine dégoûtante.

Je voudrais planer autour de la sereine lumière de ma vie, de ma belle bien-aimée, vivre dans son souffle suave, — mais je ne puis, mon cœur malade se brise.

De mon cœur brisé je vois mon sang brûlant qui s'écoule; je me sens faiblir, et devant mes yeux tout s'assombrit de plus en plus.

Et, tout frissonnant, je languis après ce vaporeux empire où des ombres silencieuses m'enserreront amoureusement de leurs bras délicats.

---

## A VOUS

Les fleurs rouges, et les pâles aussi, qui ont fleuri un jour des blessures saignantes de mon cœur, je les ai réunies en un bouquet splendide, et je veux maintenant te l'offrir, à toi, belle maîtresse.

Accueille gracieusement ces messagères fidèles de la poésie; je ne saurais m'en aller de ce monde sans te laisser un signe de vie; pense à moi, quand j'aurai trouvé la mort.

Mais, ô ma maîtresse, garde-toi de jamais me plaindre! Ma vie douloureuse a été digne d'envie, puisque j'ai pu t'aimer et te porter dans mon cœur.

Et, bientôt, un plus grand bonheur m'attend encore : je pourrai planer sur ta tête comme un esprit protecteur, et souffler dans ton cœur un message de paix.

# INTERMÈDE LYRIQUE

## 1822-1823

J'ai vu dernièrement dans un rêve ta figure chérie ; elle est si belle, si pareille à celle des anges, et pourtant si pâle, si pâle de douleur !

Et ce sont seulement les lèvres qui sont rouges ; mais bientôt la mort les pâlira sous un baiser, et éteindra la lumière céleste qui éclate pieusement dans tes yeux.

———

C'est un bruit de flûtes et de violes que traversent des éclats de trompettes. Voilà la bien-aimée de mon cœur qui danse la danse des noces.

C'est une sonnerie et un ronflement de timbales et de haut-bois, et tout au travers on entend les bons petits anges gémir et sangloter.

———

Je ne crois pas au ciel dont parlent les frocards; je ne crois qu'à tes yeux : c'est là qu'est mon ciel.

Je ne crois pas au Seigneur Dieu que les frocards prêchent; je ne crois qu'à ton cœur, et n'ai pas d'autre dieu.

Je ne crois pas au malin, à l'enfer et à ses tourments; je ne crois qu'à tes yeux perfides et à ton mauvais cœur.

---

La terre a été si longtemps aride, le mois de mai paraît, elle redevient bonne, et tout rit et s'égaie et jubile; mais moi je ne saurais sourire.

Les fleurs éclosent, les clochettes tintent, les oiseaux parlent comme dans les fables, — mais ce caquetage ne me plaît pas, et je trouve tout misérable.

La foule humaine m'ennuie, — même l'ami d'ailleurs passable : cela vient de ce qu'on appelle Madame ma douce bien-aimée, si aimable et si douce.

---

Les violettes bleues de ses yeux, les roses rouges de ses joues, les blancs lis de ses petites mains, tout cela s'épanouit et fleurit toujours : il n'y a que son petit cœur qui soit desséché.

---

Le monde est si beau, et le ciel si bleu, et le souffle de l'air si tiède et si pur ; et dans la prairie émaillée, les fleurs étincellent et rayonnent sous la rosée du matin, et, partout où je regarde, les hommes jubilent... Et pourtant je voudrais être couché dans la fosse, et m'enlacer à une bien-aimée morte.

---

Belles et claires étoiles d'or, saluez ma bien-aimée en lointain pays ; dites-lui que je suis toujours malade de cœur, et pâle, et fidèle.

---

Amitié, amour, pierre philosophale, j'entends vanter ces trois choses, et je les ai vantées et cherchées, mais jamais trouvées, hélas !

Toutes les fleurs regardent en haut vers le soleil resplendissant, et vers la mer étincelante tous les fleuves prennent leur course.

Les Lieder vont tous battant des ailes, vers ma belle bien-aimée : prenez avec vous mes larmes et mes soupirs, ô Lieder plaintifs !

———

Des vieux contes d'autrefois une main blanche nous fait signe : on y chante et on y parle d'un pays enchanté,

Où de grandes fleurs languissent aux lueurs dorées du crépuscule, et se regardent tendrement avec des visages de fiancées ;

Où tous les arbres parlent et chantent comme un chœur, où des sources jaillissantes murmurent comme une musique de danse ;

Là des airs amoureux résonnent comme tu n'en entendis jamais jusqu'à ce qu'une douce langueur t'ait ensorcelé.

Ah ! que ne puis-je arriver là-bas, et y réjouir mon cœur ! Que ne puis-je échapper à mes tourments, et redevenir heureux et libre !

Hélas! ce pays de délices, je le vois souvent en songe : mais quand vient le soleil du matin, tout disparaît comme l'écume.

———

Lentement roule ma voiture, à travers la gaie forêt verte, dans des vallées fleuries qui resplendissent magiquement à l'éclat du soleil.

Je suis là, je réfléchis, je rêve et pense à ma bienaimée : alors trois ombres passent et me font signe de la tête.

Elles sautillent et me font des mines si moqueuses et pourtant si craintives, et tournoient comme des nuées, et ricanent et disparaissent.

# LE RETOUR

1823-1824

Sur les nuages la lune repose comme une orange gigantesque ; ses reflets d'or rayonnent en larges bandes lumineuses sur la mer grisâtre.

Seul, je chemine sur la grève où les vagues blanches se brisent, et j'entends chuchoter dans l'eau mainte douce parole.

Ah ! la nuit est si longue, et mon cœur ne veut plus se taire : belles ondines, sortez des eaux, et dansez, en chantant, la ronde magique.

Prenez ma tête sur votre sein ; corps et âme sont à vous ! Chantez, et caressez-moi jusqu'à ce que je meure, et aspirez la vie de mon cœur dans vos baisers !

———

Enveloppés de nuées grises, les grands dieux dorment maintenant, et j'entends leurs ronflements, et la bourrasque commence.

Bourrasque et tempête ! La fureur de l'ouragan va mettre en pièces le pauvre vaisseau. Ah ! qui pourrait brider la rafale, et les vagues déchaînées ?

Je ne puis empêcher la tempête, les craquements des mâts et des charpentes du navire : je m'enveloppe de mon manteau pour dormir comme les dieux.

———

Lis de mon amour, tu te tiens si rêveur près du ruisseau, tu regardes l'eau si tristement, et tu soupires : « Hélas ! hélas ! »

« Va-t'en avec tes paroles bavardes ! Je le sais bien, homme trompeur, que ma cousine, la rose, a gagné ton cœur félon. »

———

Les années viennent et passent, les générations descendent dans la fosse, mais jamais ne passe l'amour que je porte au cœur.

Une fois seulement encore, je voudrais te voir, et tomber à genoux devant toi, et te dire en expirant : « Madame, je vous aime ! »

———

« N'a-t-elle donc jamais laissé échapper un mot sur ton air amoureux? Dans ses yeux n'as-tu jamais pu lire qu'elle te rendait amour pour amour?

» N'as-tu jamais pu dans ses yeux pénétrer jusqu'à son âme? Et pourtant tu n'es pas précisément un âne, cher ami, dans ces choses-là ? »

---

Jeune fille à la petite bouche vermeille, avec tes yeux doux et limpides, ô ma mignonne bien-aimée, je pense à toi sans fin ni trêve.

La soirée d'hiver est longue aujourd'hui ; je voudrais être près de toi, assis à tes côtés, bavarder avec toi dans ta chambrette bien connue.

Ta petite main blanche, je voudrais la presser sur mes lèvres, et l'arroser de mes larmes, ta blanche petite main.

---

Permettez-moi, Mademoiselle, à moi, fils malade des Muses, de reposer ma tête sommeillante de poëte sur votre sein de cygne.

« Monsieur, comment pouvez-vous être assez osé pour me dire en société ces choses-là? »

———

Belle dame hospitalière, maison et ferme sont bien pourvues, tout est en ordre dans la cave et l'écurie, et les champs sont bien labourés.

Dans le jardin, chaque coin est nettoyé et ratissé, et la paille battue en grange sert en outre pour les lits.

Mais ton cœur et tes lèvres, belle dame, restent en friche, et ta paisible chambre à coucher n'est occupée qu'à demi.

———

Le mois de mai est là avec ses lueurs dorées, sa moelleuse atmosphère et ses parfums épicés; il nous charme doucement avec ses blanches fleurs, et nous salue avec ses mille yeux de violettes, et il étend son vert tapis émaillé de fleurs que parsèment de diamants et de larmes le soleil et la rosée du matin, et il convie les enfants des hommes. A son premier appel la foule des sots obéit; les messieurs passent leur pantalon de nankin et leur habit bleu à boutons dorés;

les femmes s'habillent du blanc de l'innocence; les jeunes hommes frisent leur moustache printanière, les jeunes filles laissent flotter leur sein naissant, les poètes de la ville mettent dans leur poche crayon, papier et lorgnon, et la foule bigarrée se presse jubilante vers les portes, et campe au dehors sur le vert gazon, s'émerveillant de la croissance régulière des arbres, jouant avec les délicates petites fleurs, écoutant le chant joyeux des petits oiseaux, et poussant des cris de joie vers le pavillon bleu du ciel.

Mai vint aussi à moi. Il heurta trois fois à ma porte, et s'écria : « Je suis le mois de mai! Pâle rêveur, viens, je veux te donner un baiser. » Je laissai ma porte fermée au verrou, et je dis : « C'est en vain que tu m'appelles, hôte fâcheux! Je t'ai deviné. J'ai pénétré la structure du monde, et j'en ai trop vu, trop profondément vu, et toute joie s'en est allée, et d'éternelles douleurs ont envahi mon cœur. Je vois à travers les dures écorces de pierre des maisons des hommes, et des cœurs mortels, et partout j'aperçois fraude et misère. Sur les visages je lis les pensées, et il y en a tant de mauvaises! Dans la rougeur pudique de la vierge, je vois palpiter le secret désir de la convoitise; sur la tête orgueilleuse du jeune enthousiaste, je vois le bonnet de la folie avec ses grelots moqueurs; je n'aperçois sur cette terre que des caricatures et des ombres maladives, et je ne sais si elle est une maison de fous ou un hôpital. Je vois à travers les fondements de notre vieille terre comme si elle était de cristal, et je découvre des choses horribles que mai cherche en vain à couvrir de son aimable verdure. Je vois les morts. Ils sont couchés sous nos pieds dans leurs étroits cercueils, les mains jointes et les yeux ouverts; leur vêtement est blanc, et blanc leur visage, et des vers jaunes rampent sur leurs lèvres. Sur la tombe de son père, je vois le fils s'asseoir auprès de sa maîtresse, pour passer gaiement le temps; tout alentour les rossignols chantent des chants moqueurs, les douces fleurs des prés rient malignement, le père mort se remue dans sa fosse, et notre vieille mère, la terre, palpite douloureusement.

Pauvre terre, je connais tes douleurs ! je vois le feu sévir dans ton sein, je vois saigner tes mille veines, et ta blessure s'ouvrir béante, et la flamme, la fumée et le sang s'en échapper avec furie. Je vois tes fils géants, les fils de l'antique nuit, sortant, le défi sur les lèvres des obscurs abîmes, et secouant leurs torches embrasées; ils dressent leurs échelles de fer, et montent avec rage à l'assaut de la forteresse du ciel; des nains noirs grimpent après eux, et là-haut les étoiles d'or pétillent et s'évanouissent en poussière. D'une main sacrilège on arrache le rideau d'or du pavillon de Dieu; les pieuses légions des anges se jettent en gémissant sur la face. Sur son trône le Dieu pâle est assis, il arrache de sa tête sa couronne et ses cheveux, et la cohorte frénétique s'avance toujours. Les géants jettent leurs torches rouges dans l'immense empire du ciel, les nains fouaillent avec des verges de flammes le dos des anges qui se tordent de douleur et sont entraînés par leur chevelure. — Et là, je vois mon bon ange, avec ses boucles blondes, ses traits pleins de douceur, son éternel amour empreint sur les lèvres, et dans ses yeux bleus la félicité, et un gnôme noir l'arrache du sol, il lorgne en ricanant ses membres délicats, et l'embrasse étroitement dans un horrible étreinte : un cri éclatant gronde comme un tonnerre à travers l'univers, les colonnes se brisent, terre et ciel s'écroulent, et le règne de l'antique nuit recommence.

## RATCLIFF

Le dieu des songes me transporta dans une plaine, où des saules pleureurs me donnaient la bienvenue avec leurs longs bras verts, où les fleurs me regardaient silencieusement comme avec des yeux de sœurs, où le gazouillement des oiseaux, et les abois des chiens mêmes, me semblaient connus, où les voix et les fleurs me saluaient comme un ancien ami, et où tout pourtant me semblait si merveilleux, si bizarre, si étrange ! Je me trouvais devant une élégante maison rustique; mon cœur était ému, ma tête calme ; je secouai tranquillement la poussière de mes habits de voyage, la cloche rendit un son clair, et la porte s'ouvrit.

C'étaient des hommes, des femmes, bien des visages connus. Sur tous étaient empreints un deuil silencieux et une secrète angoisse. Ils me regardaient avec un trouble étrange, et une sorte de compassion qui me fit frissonner comme le pressentiment d'un malheur imprévu. Je reconnus bientôt la vieille Marguerite que je regardai d'un air interrogateur, mais elle ne parla pas. « Où est Maria ? » demandai-je; mais elle ne répondit pas, prit doucement ma main, et me conduisit à travers une longue suite de chambres éclairées, où régnait la magnificence et un silence de mort, puis m'introduisit dans une pièce à demi obscure. Détournant la tête, elle me montra là une figure assise sur le sopha. « Êtes-vous Maria ? » demandai-je, surpris moi-même de la fermeté de ma voix. Et une voix de marbre, une voix sans timbre, répondit : « Ainsi m'appelle le monde. » Une douleur poignante me glaça alors, car cette voix creuse et froide était pourtant la voix autrefois si douce de Maria. Et cette femme, en robe lilas pâle, le sein affaissé, les yeux vitreux et fixes, le visage blême et flasque, — hélas! c'était là ma bien-aimée Maria, autrefois si belle, dans son éclat florissant. « Vous avez été longtemps en voyage », dit-elle à haute voix avec une familiarité pénible et froide, « vous n'avez plus l'air aussi languissant, cher ami, vous êtes bien portant, et votre taille solide et vos mollets rebondis montrent que vous êtes robuste. » Un doucereux sourire se dessina autour de sa bouche pâle. Dans mon trouble il m'échappa de dire : « On m'a assuré que vous étiez mariée. » — « Ah! oui », dit-elle à voix haute, en riant avec indifférence, « j'ai un bâton de bois recouvert de peau : cela s'appelle un mari, mais le bois est du bois. » Et elle se mit à rire d'un rire pénible et silencieux, si bien qu'une angoisse glaciale me serra le cœur, et que le doute me prit : seraient-ce donc là les lèvres de Maria, ces lèvres pudiques comme des fleurs? Mais elle se leva, prit hâtivement sur un siège son cachemire, le jeta autour de son cou, puis, se suspendant à mon bras, elle m'entraîna hors de la maison, à travers champs, plaines, et halliers.

Le disque du soleil, brûlant et rouge, déjà s'abaissait, et couvrait de rayons pourprés les arbres, les fleurs, et la rivière qui coulait au loin. « Voyez-vous ce grand œil d'or nageant dans les eaux bleues? » dit Maria précipitamment. « Silence, pauvre créature », répondis-je, et je regardais, à l'approche du crépuscule, un entrelacement de figures fabuleuses, s'élevant de terre comme de vaporeuses images, et se tenant embrassées de leurs bras blancs et délicats. Les violettes se regardaient tendrement; les lis s'inclinaient avec langueur; sur toutes les roses brillaient de voluptueuses rougeurs; les œillets semblaient s'embraser à leur souffle; toutes les fleurs s'enivraient de parfums enchantés et pleuraient silencieusement des larmes de délices, et toutes répétaient avec jubilation : « Amour! Amour! Amour! » Les papillons voletaient çà et là, les scarabées d'or bourdonnaient de douces chansons, les vents du soir soupiraient, les chênes bruissaient, le rossignol chantait jusqu'à mourir, et, à travers ces soupirs, ces chants, ces bruissements, babillait avec une voix froide, sourde et plombée, la femme flétrie suspendue à mon bras : « Je connais votre train nocturne au château. La longue ombre est une bonne bête, qui dit oui à tout ce qu'on veut; l'habit bleu est un ange, mais le rouge, avec sa brillante épée, vous hait à la mort. » Et elle allait ainsi, disant bien d'autres choses décousues et étranges, et elle s'assit, fatiguée, auprès de moi, sur le banc de mousse, au pied du vieux chêne.

Nous étions là tous deux, silencieux et tristes, et nous nous regardions, et devenions plus tristes encore. Le chêne murmurait comme des soupirs de mort, le rossignol laissait tomber des accords profondément douloureux. Pourtant de rouges lueurs pénétraient à travers les feuilles, projetant un éclat brillant sur le pâle visage de Maria, et faisant rayonner ses yeux fixes, — et elle dit avec sa douce voix d'autrefois : « Comment as-tu su que je suis si malheureuse, ainsi que je l'ai lu dans tes Lieder sauvages ? »

Un froid glacé se répandit dans mon cœur; je m'épouvantai de ma propre folie qui avait entrevu l'avenir; mon cerveau palpita sourdement, et d'horreur je m'éveillai.

---

## A EDOM

Voilà déjà mille ans et plus que nous nous supportons en frères : toi tu souffres que je respire, moi je permets que tu sois hors de sens.

Parfois seulement, dans des jours sombres, tu as eu d'étranges caprices, et tes pattes doucereusement pieuses tu les as teintes de mon sang.

Aujourd'hui se raffermit notre amitié, et chaque jour elle se resserre encore, car je commence moi-même à perdre le sens, et je deviens presque tel que toi.

## AVEC UN EXEMPLAIRE DU *RABBIN DE BACHARACH*

Éclate tout haut en plaintes, sombre chant des martyrs que si longtemps j'ai silencieusement porté dans mon âme enflammée !

Qu'il retentisse à toutes les oreilles, et des oreilles jusqu'au cœur ! J'ai évoqué, par un charme puissant, les souffrances de mille années.

Tous pleurent, grands et petits, et même les froids messieurs. Femmes et fleurs pleurent, et les étoiles pleurent au ciel.

Et toutes ces larmes, silencieusement réunies, coulent vers le sud ; elles coulent et s'épanchent dans le Jourdain.

# LES MONTAGNES DU HARTZ [1]

## 1824

---

1. Voyez *Reisebilder*, I, Paris, Michel Lévy, 1863.

Habits noirs, bas de soie, manchettes blanches et cérémonieuses, discours doucereux, embrassades... Ah ! s'ils avaient seulement des cœurs !

Des cœurs dans le sein, et de l'amour, de l'amour brûlant dans le cœur... Ah ! je suis assourdi par leur ramage, ramage mensonger d'amour.

Je veux gravir les montagnes où sont de pieuses cabanes, où la poitrine respire avec liberté, où souffle un air plus libre.

Je veux gravir les montagnes où s'élancent les sombres sapins, où les ruisseaux murmurent, où les oiseaux chantent, où les nuages passent avec fierté.

Adieu, salons polis ! Hommes polis ! dames polies ! Je veux gravir les montagnes et laisser sous mes pieds votre fourmilière.

Revenez, vieux songes d'autrefois, ouvre-toi, porte de mon cœur ! Que de chants de délices et de larmes douloureuses merveilleusement en jaillissent !

Je veux errer à travers les sapins, où la source gaiement murmure, où les cerfs orgueilleux cheminent, où la grive siffle son chant.

Je veux monter sur les montagnes, sur les hauts rochers escarpés, où les sombres ruines des châteaux apparaissent à la lumière du matin.

Là, je m'assoirai silencieux, songeant aux temps anciens, aux vieilles races vigoureuses, aux splendeurs disparues.

L'herbe couvre maintenant la place du tournoi, où combattait l'orgueilleux champion qui avait battu les plus braves, et remporté le prix du combat.

Le lierre rampe sur le balcon où se tenait la belle dame dont les yeux vainquirent l'orgueilleux vainqueur.

Hélas ! la main de la mort a vaincu le victorieux et la victorieuse, — ce maigre chevalier de la faux nous couche tous dans le sable.

# L'IDYLLE DE LA MONTAGNE

## I

Sur la montagne est assise la cabane où demeure le vieux mineur ; au-dessus murmure le vert sapin, et brille la lune dorée.

Dans la cabane est un fauteuil à bras richement et merveilleusement ciselé ; il est heureux celui qui s'assied dans ce fauteuil, et l'heureux mortel c'est moi !

Sur l'escabelle est assise la jeune fille, la petite appuie son bras sur mes genoux ; ses yeux sont comme deux étoiles bleues, sa bouche comme la rose purpurine.

Et les charmantes étoiles bleues me regardent avec toute leur candeur céleste ; et elle met son doigt de lis finement sur la rose purpurine.

Non, la mère ne nous voit pas, car elle file du lin avec ardeur, et le père pince la guitare et chante la vieille chanson.

Et la petite raconte tout bas, bien bas, et d'une voix étouffée ; elle m'a déjà confié maint secret important.

« Mais depuis que la tante est morte, nous ne pouvons plus aller à le fête des arquebuses de Goslar, et là-bas, c'est bien beau.

» Ici, au contraire, tout est triste, sur la hauteur froide de la montagne, et l'hiver nous sommes tout à fait comme enterrés dans la neige.

» Et je suis une fille craintive, et j'ai peur comme un enfant des méchants esprits de la montagne qui travaillent pendant la nuit. »

Tout à coup la petite se tait, comme effrayée de ses propres paroles, et elle a de ses deux petites mains, couvert ses jolis yeux.

Le sapin murmure plus bruyant au dehors, et le rouet jure et gronde, et la guitare résonne au milieu de ces bruits, et la vieille chanson bourdonne :

« Ne crains rien, chère enfant, de la puissance des méchants esprits ; jour et nuit, chère enfant, les anges célestes te gardent. »

## II

Le sapin avec ses doigts verts frappe aux vitraux de la petite fenêtre, et la lune, aimable curieuse, verse sa jaune lumière dans la chambrette.

Le père, la mère, ronflent doucement dans la pièce voisine ; mais nous deux, jasant comme des bienheureux, savons nous tenir éveillés.

« Tu ne me fais pas l'effet de prier trop souvent, mon ami ; cette moue de tes lèvres ne vient certainement pas de la prière.

» Cette moue méchante et froide m'effraie à chaque instant ; pourtant mon inquiétude est calmée aussitôt par le pieux rayon de tes yeux.

» Je doute aussi que tu aies ce qui s'appelle avoir la foi ; — n'est-ce pas que tu ne crois pas en Dieu le Père, ni au Fils, ni au Saint-Esprit ? »

— Ah ! ma chère enfant, quand tout petit j'étais assis aux genoux de ma mère, je croyais déjà en Dieu le Père, qui plane en haut dans la bonté et dans la grandeur ;

Je croyais en lui qui a créé la belle terre et les beaux hommes qui sont dessus, en lui qui a assigné leur marche aux soleils, aux lunes, aux étoiles.

Quand je devins plus grand, ma chère enfant, je commençai à comprendre bien davantage, et je compris et devins raisonnable, et je crus aussi au Fils ;

Au Fils chéri qui, en aimant, nous a révélé

l'amour, et en récompense, comme c'est l'usage, a été crucifié par le peuple.

Aujourd'hui, que je suis homme, que j'ai beaucoup lu, beaucoup voyagé, mon cœur se dilate, et de tout mon cœur, je crois au Saint-Esprit.

Celui-ci a fait les plus grands miracles, et il en fait de plus grands encore à présent ; il a brisé les donjons de la tyrannie, et il a brisé le joug de la servitude.

Il guérit de vieilles blessures mortelles, et renouvelle le droit primitif : que tous les hommes, nés égaux, sont une race de nobles.

Il dissipe les méchantes chimères et les fantômes ténébreux, qui nous gâtaient l'amour et le plaisir, en nous montrant à toute heure leurs faces grimaçantes.

Mille chevaliers, bien harnachés, ont été choisis par le Saint-Esprit pour accomplir sa volonté, et il les a armés d'un fier courage.

Leurs bonnes épées étincellent, leurs bonnes bannières flottent. N'est-ce pas que tu voudrais bien, ma chère enfant, voir de ces vaillants chevaliers ?

Eh bien, regarde-moi, ma chère enfant ! Embrasse-moi et regarde-moi ; car, moi-même, je suis un vaillant chevalier du Saint-Esprit.

## III

Au dehors, la lune se cache en silence derrière le vert sapin, et dans la chambrette notre lampe flamboie faiblement et éclaire à peine.

Heureusement, mes étoiles bleues rayonnent d'une lumière plus claire; la rose purpurine éclate comme le feu, et la bonne jeune fille dit :

« Des follets, de petits follet, volent notre pain et notre lard; la veille il est encore dans le buffet, et le lendemain il a disparu.

» Ces petits démons mangent la crème sur notre lait, et laissent les vases découverts, et la chatte boit le reste.

» Et la chatte est une sorcière; car elle se glisse, pendant la nuit, sur la montagne des revenants, où est la vieille tour.

» Il y eut là jadis un château plein de plaisir et d'éclat d'armures; de preux chevaliers, des dames et des écuyers y tournoyaient dans la danse aux flambeaux.

» Alors une méchante sorcière maudit le château

et les gens; les ruines seules sont restées debout, et les hiboux y font leurs nids.

» Pourtant ma défunte tante assurait : que si l'on dit la parole juste, la nuit, à l'heure juste, là-haut, à la vraie place,

» Les ruines se changent de nouveau en un château brillant, et l'on y voit gaiement danser preux chevaliers, dames et écuyers ;

» Et celui-là qui a prononcé ce mot, le château et les gens lui appartiennent; les timbales et les trompettes célèbrent sa jeune magnificence. »

C'est ainsi que parle la bonne jeune fille, et ses yeux, les étoiles bleues, versent sur son babil les lueurs de leur azur féerique.

Ses cheveux d'or, la petite les enlace autour de ma main ; elle donne de jolis noms à mes doigts, rit et les baise, et se tait à la fin.

Et dans cette chambre tranquille tout me regarde avec des yeux si familiers. La table et l'armoire sont comme si je les avais vues bien des fois auparavant.

Le tic tac du coucou a un ton amical, et la guitare, à peine sensible, commence à résonner d'elle-même, et je me trouve comme dans un songe.

C'est l'heure juste maintenant, nous sommes aussi

sur la vraie place ; tu t'étonnerais, ma chère enfant, si, moi, je prononçais la parole juste...

Et je dis cette parole... Vois-tu, tout devient jour, tout s'agite ; les sources et les sapins deviennent plus bruyants, et la vieille montagne s'éveille.

Le son des mandolines et les chants des nains retentissent dans les crevasses de la montagne, et comme un insensé printemps sort de la terre une forêt de fleurs.

Des fleurs, d'audacieuses fleurs, aux feuilles larges et fabuleuses, odorantes, diaprées et vivement agitées comme par la passion.

Des roses, ardentes comme de rouges flammes, jaillissent du milieu de cette végétation ; des lis, semblables à des piliers de cristal, s'élancent jusqu'au ciel.

Et les étoiles, grandes comme des soleils, jettent en bas des rayons de désir ; dans le calice gigantesque des lis coulent en torrent les flots de ces lumières.

Et nous-mêmes, ma chère enfant, sommes métamorphosés bien plus encore : l'éclat des flambeaux, l'or et la soie resplendissent gaiement autour de nous.

Toi, tu es devenue une princesse, et cette cabane est devenue un château ; et ici se réjouissent et dansent preux chevaliers, dames et écuyers.

Mais, moi, j'ai acquis toi et tout cela, château et gens; les timbales et les trompettes célèbrent ma jeune magnificence.

## LE JEUNE BERGER

Il est roi, le jeune berger; la verte colline est son trône : le soleil sur sa tête est sa couronne pesante, sa couronne d'or.

A ses pieds sautillent les moutons, doux flatteurs, marqués de croix rouges. Les veaux sont ses chambellans, et se pavanent avec orgueil.

Ses comédiens ordinaires sont les petits boucs; et les oiseaux et les vaches, avec leurs flûtes, avec leurs clochettes, sont les musiciens de la chapelle royale.

Et tout cela sonne et chante si gentiment, si gentiment murmurent de concert les cascades et les sapins, que le roi se laisse endormir.

Pendant ce temps gouverne le ministre, ce mauvais chien dont l'aboiement grondeur retentit tout alentour.

Dans son sommeil, le jeune roi balbutie : « Régner

est une chose bien difficile : ah ! déjà je voudrais être à la maison, près de ma reine !

» Dans les bras de ma reine ma tête repose si mollement! Et dans ses beaux yeux s'étend mon royaume infini. »

---

## SUR LE BROCKEN

Il fait déjà plus clair à l'orient par une petite étincelle du soleil ; au loin, bien loin, les sommets des monts nagent dans une mer de vapeurs.

Si j'avais des bottes de sept lieues, je courrais avec la rapidité du vent de sommets en sommets, jusqu'à la maison de la bien-aimée.

Du petit lit où elle sommeille, je tirerais doucement les rideaux, je baiserais doucement son front, doucement les rubis de sa bouche.

Plus doucement encore je voudrais murmurer dans ses petites oreilles blanches : « Pense en songe que
» nous nous aimons encore, et que nous ne nous
» sommes jamais perdus. »

## L'ILSE

Je suis la princesse Ilse, et j'habite la roche Ilsenstein. Viens avec moi dans mon château, nous y serons heureux.

Je veux guérir ta tête avec mes vagues transparentes. Tu oublieras tes chagrins, pauvre garçon malade de soucis !

Dans mes bras blancs comme la neige, sur mon sein blanc comme la neige, tu reposeras et tu rêveras le bonheur des vieux contes.

Je veux t'embrasser et te serrer comme j'ai serré et embrassé le cher empereur Henri, qui est mort maintenant.

Les morts sont morts, et il n'est que les vivants qui vivent, et je suis belle et florissante; mon cœur rit et palpite.

Mon cœur rit et palpite... Viens chez moi, dans mon palais de cristal. Mes damoiselles et mes chevaliers y dansent; la troupe des écuyers se livre à la joie.

Les longues robes de soie bruissent, les éperons

d'or résonnent, les nains font retentir les timbales, jouent du violon et sonnent du cor.

Mais toi, mon bras t'enlacera comme il enlaça l'empereur Henri : de mes mains blanches je lui bouchai les oreilles, quand dehors la trompette sonna.

# LA MER DU NORD

## 1825-1826

## COUCHER DE SOLEIL

Le soleil descend rouge dans l'océan sourcilleux, d'un gris argenté ; des formes aériennes, aux reflets roses, flottent après lui, et à l'opposite, du sein de voiles nuageux et de vapeurs automnales, une triste figure, d'une pâleur de morte, la lune apparaît, et derrière elle, comme des étincelles tremblotantes, les étoiles dans un lointain vaporeux.

Jadis brillaient au ciel, conjugalement réunis, Luna, la déesse, et Sol, le dieu ; autour d'eux fourmillaient les étoiles, leurs petits enfants innocents.

Mais de mauvaises langues sifflèrent la discorde, et l'inimitié sépara le grand couple lumineux.

Maintenant, le jour, dans sa splendeur solitaire, le dieu-soleil chemine là-haut, adoré et chanté pour sa magnificence, par les hommes orgueilleux et endurcis dans leur bonheur. Mais, la nuit, Luna erre dans le ciel, pauvre mère avec ses enfants orphelins les étoiles, et elle resplendit dans sa tristesse silencieuse, et de jeunes filles aimantes, et de doux poètes, lui vouent leurs larmes et leurs chants.

Lune languissante! comme une femme, elle aime encore son bel époux. Vers le soir, tremblante et pâle, elle l'épie du sein d'un léger nuage; elle suit le fugitif d'un regard douloureux, et voudrait lui crier avec angoisse : « Viens! viens! les enfants demandent après toi! » — Mais le soleil, le dieu irrité, à l'aspect de son épouse, de colère et de douleur, redouble sa rougeur pourprée, et descend impitoyable dans son lit de veuvage, aux vagues glacées.

Ainsi, même aux dieux éternels, de mauvaises langues ont apporté la douleur et la ruine. Et les pauvres dieux, là-haut dans le ciel, parcourent désolés leur carrière infinie de tourments, et ne peuvent mourir, et traînent avec eux leur malheur éclatant.

Aussi, homme que je suis, enchaîné ici-bas, mais privilégié de la mort, je ne me plaindrai plus.

## DÉCLARATION

Le soir s'approchait vaporeux, les flots se brisaient plus impétueusement, et j'étais assis sur le rivage, contemplant la danse des vagues écumeuses ; ma poitrine se gonfla tout à coup comme la mer, et je fus pris d'une profonde nostalgie en songeant à toi, douce image, qui planes partout au-dessus de moi, et partout m'appelles, partout, dans le bruit du vent, dans le mugissement de la mer, et dans les soupirs qui s'échappent de ma poitrine.

Avec un frêle roseau j'écrivis sur le sable : « Agnès, je t'aime ! » Mais les vagues méchantes s'épandirent sur ce doux aveu et l'effacèrent.

Fragile roseau, sable mobile, flots dissolvants, je ne me fierai plus à vous ! — Le ciel s'obscurcit, mon cœur devient plus farouche, d'une main vigoureuse j'arracherai dans les forêts de Norwège le plus haut sapin, et je le plongerai dans le cratère enflammé de l'Etna, et, de cette plume géante, imbibée de feu, j'écrirai à la voûte obscure du ciel : « Agnès, je t'aime ! »

Chaque nuit resplendiront là-haut les éternels caractères de feu, et les générations futures liront en poussant des cris de joie : « Agnès, je t'aime ! »

## TEMPÊTE

La tempête fait rage, et fouette les vagues, et les flots, écumants de fureur, s'irritent et se calment, et s'amoncellent en montagnes liquides ; le petit navire les escalade péniblement d'un bond vigoureux, et tout à coup retombe dans l'abîme sombre et béant de la mer.

O mer ! mère de la beauté, de Vénus sortie de ton sein toute blanche d'écume, grand'mère de l'amour, aie pitié de moi ! Déjà vole çà et là, flairant les cadavres, la blanche mouette, comme un fantôme ; elle aiguise son bec au grand mât, et convoite, affamée de proie, ce cœur qui retentit de la gloire de ta fille, et que ton fripon de petit-fils a choisi pour jouet.

Vainement je prie et j'implore ! Mes cris se perdent dans le fracas de la tempête, au milieu des assauts du vent. Cela bruit, et siffle, et mugit, et hurle, comme un hôpital de fous philharmoniques. Et à travers ce vacarme, je distingue les sons enchanteurs d'une harpe, des chants langoureux qui charment et déchirent l'âme, et je reconnais la voix !

Au loin, sur les falaises d'Écosse, à la fenêtre ogivale de ce petit château gris qui surplombe la mer, se tient une belle et souffrante jeune femme, dont la peau délicate a la transparence de l'opale et la blancheur du marbre; elle joue de la harpe, et chante, et le vent déroule ses longues boucles de cheveux, et porte sa chanson indécise sur l'immensité de la mer orageuse.

## CRÉPUSCULE

Le beau soleil est descendu paisiblement dans la mer; les flots sont déjà teints par la nuit obscure, seulement le crépuscule du soir les parsème de clartés d'or, et la marée bruissante pousse au rivage de blanches vagues qui bondissent joyeuses et pressées comme des troupeaux d'agneaux bêlants que, le soir, le pâtre ramène, en chantant vers la bergerie.

« Comme le soleil est beau ! » Ainsi parla, après un long silence, l'ami qui cheminait avec moi sur la grève, et, moitié souriant et moitié triste, il m'assura que le soleil[1] était une belle femme qui avait fait un mariage de convenance avec le vieux dieu de la mer : le jour, elle se promène gaiement dans les hauteurs du ciel, toute parée de pourpre et étincelante

1. Ce mot, en allemand, est féminin : *Die Sonne*.

de diamants, adorée et encensée de toutes les créatures du monde, et les réjouissant de l'éclat et de l'ardeur de ses regards; mais, le soir, contrainte et désolée, elle retourne dans son humide demeure, aux bras de son vieil époux.

« Crois-moi, — ajoute-t-il en riant, et soupirant, puis riant encore, — ils mènent là-bas la plus tendre vie conjugale. Ou bien ils dorment, ou bien ils se querellent, si bien que la mer, à sa surface, en est émue jusqu'en ses profondeurs, et que, dans le bruissement des vagues, le nautonier entend le vieux mari gourmander sa femme : « Grosse catin de l'univers, pros» tituée rayonnante, tout le jour tu brûles, pour d'au» tres, et la nuit, pour moi, tu es lasse et glacée ! » Après ce sermon conjugal, il va de soi que l'orgueilleuse épouse éclate en pleurs, et déplore son malheur, et se plaint si longtemps que le dieu de la mer, de désespoir tout à coup saute du lit, et se dirige en toute hâte vers la surface des flots, pour prendre l'air et revenir à lui.

» C'est ainsi que je l'ai vu en personne, la nuit dernière, sortir de la mer jusqu'à la ceinture. Il portait un gilet de flanelle jaune, un bonnet de nuit d'une blancheur éclatante, et son visage était tout fané. »

## LE CHANT DES OCÉANIDES

L'ombre blafarde du soir s'étend sur la mer, et, solitaire, un homme est assis sur le rivage aride, et regarde, d'un œil sombre et glacé, la voûte morne du ciel et la mer ondoyante ; sur l'immense mer ondoyante s'en vont ses soupirs et reviennent comme des navigateurs qui trouvent fermé le port où ils voulaient jeter l'ancre, — et il gémit si fort que les mouettes blanches, réveillées dans leur nid de sable, voltigent par troupe, autour de lui, et il leur adresse ces paroles riantes :

« Oiseaux aux pieds noirs, qui planez sur la mer avec vos ailes blanches, et buvez l'eau marine de vos becs recourbés, et mangez la chair huileuse des veaux marins, votre vie est amère comme votre nourriture ! Mais moi, bienheureux, je ne me nourris que de douces choses, comme le doux parfum de la rose, cette fiancée du rossignol, qui se repait de clair de lune. Je mange des sucreries plus douces encore, remplies de crème à la glace, mais ce que je mange de plus exquis, c'est d'aimer et d'être aimé.

» Elle m'aime ! Elle m'aime ! la belle jeune fille. A cette heure elle se tient sur le balcon de la maison, et regarde dans le crépuscule vers la grande route, écoute, et languit après moi — vraiment! Ses regards errent en vain de tous côtés, elle soupire, et descend dans le jardin, et, cheminant dans les parfums et le clair de lune, elle parle avec les fleurs, leur raconte combien moi, le bien-aimé, suis aimable et digne d'être aimé, — vraiment! Puis dans son lit, dans son sommeil, dans ses rêves, elle folâtre délicieusement avec mon image chérie; et le matin même, à déjeuner, sur sa beurrée brillante, elle croit voir mon visage souriant et le mange par amour, — vraiment! »

C'est ainsi qu'il se vante avec jactance, et cependant les mouettes sifflotent comme avec un accent ironique et froid. Les nuées du crépuscule montent peu à peu. La lune jaune pâle regarde sinistrement de derrière un nuage. Les vagues de la mer s'amoncellent à grand bruit, et, du plus profond des flots, comme un bruissement douloureux, résonne le chant des Océanides, les belles femmes marines pleines de compassion, et, avant toutes, se fait entendre la voix de l'épouse de Pélée, Téthis aux pieds d'argent, et elles soupirent et chantent :

« O insensé, insensé plein de jactance, ô malheureux torturé, toutes tes espérances, ces enfants folâtres de ton cœur, sont frappées à mort, et ton cœur, hélas! semblable à Niobé, est pétrifié de douleur. La nuit envahit ton cerveau, nuit que traversent les éclairs de la folie, et tu vas t'enorgueillissant de tes douleurs. O insensé, insensé plein de jactance, tu es aussi entêté que ton aïeul, le grand titan qui déroba aux dieux, pour le donner aux hommes, le feu céleste, et rongé d'un vautour, enchaîné sur son rocher, défiait encore l'Olympe au milieu de ses cris de douleur, tellement que nous l'entendîmes dans la mer profonde, et que nous vinmes à lui avec des chants consolateurs. O insensé ! ô jactance folle ! car tu es encore plus impuissant que lui, et tu ferais bien de respecter les dieux, et de porter patiemment le fardeau du malheur, jusqu'au moment où enfin Atlas lui-même perdra patience, et laissera tomber de ses épaules, dans l'éternelle nuit, le lourd fardeau du monde ! »

Tel fut le chant des Océanides, les belles femmes des eaux pleines de compassion, jusqu'à ce que les vagues bruyantes ne permirent plus de l'entendre. Derrière les nuages se cacha la lune, et je restai longtemps assis, pleurant dans l'obscurité.

## LE PHÉNIX

De l'occident un oiseau arrive à tire d'aile, il vole du côté de l'orient, vers les jardins du levant où il est né, là où croissent et embaument les épices, où bruissent les palmiers, où jaillissent les sources fraîches, et tout en s'élevant dans les airs, l'oiseau merveilleux chante :

« Elle l'aime! Elle l'aime! Elle porte son image dans son petit cœur, elle la porte doucement et mystérieusement cachée, et elle-même n'en sait rien. Mais dans ses rêves il se tient devant elle, elle implore, et pleure, et embrasse ses mains, et appelle son nom, et l'appelant elle s'éveille, et la voilà tout effrayée, et, dans sa surprise, elle frotte ses beaux yeux, — elle l'aime, elle l'aime! »

∴

Appuyé au grand mât, sur le pont élevé, j'étais là écoutant le chant de l'oiseau. Comme de verts coursiers aux crinières d'argent, les vagues écumantes bondissaient; les hardis nomades de la mer du Nord, les hommes d'Héligoland, cinglaient devant moi comme des légions de cygnes, avec leurs voiles éclatantes. Au-dessus de ma tête, dans l'éternel azur, voltigeaient de blancs nuages, et le soleil étincelait, rose du ciel, vermeille comme le feu, et se mirant joyeusement dans la mer; — et le ciel et la terre, et mon propre cœur, redisaient comme un écho : « Elle l'aime! Elle l'aime! »

## MAL DE MER

Les nuées grises de l'après-midi s'abaissent plus profondément sur la mer qui s'avance sombre au-devant d'elles, et le navire cingle au travers.

Malade du mal de mer, je suis toujours appuyé au grand mât, et je me livre à des considérations sur moi-même, considérations mélancoliques et vieilles comme le monde, que fit déjà le père Loth, lorsqu'il eut trop pris de bon temps, et s'en trouva si mal ensuite. Entre temps, je pense aussi à de vieilles histoires : comment les pèlerins croisés du temps jadis, dans la traversée orageuse, baisaient dévotement l'image consolatrice de la Sainte Vierge; comment des chevaliers malades, dans une semblable tourmente en mer, se consolaient comme eux en pressant sur leurs lèvres le gant de leur dame bien-aimée; mais moi, je suis là, plein de mauvaise humeur, grignotant un vieux hareng, consolateur amer, et malade comme un chien des nausées du mal de mer.

Cependant le vaisseau lutte avec les vagues furieuses; comme un cheval de bataille qui se cabre, tantôt il se dresse sur sa poupe où craque le gouvernail, tantôt il se précipite la proue en avant, dans l'abîme hurlant des flots, puis bientôt, comme fatigué d'amour, il semble s'étendre nonchalamment sur le sein noir de la vague géante qui s'avance avec un bruit puissant, et tout à coup, comme une cataracte horrible, se brise, et moutonne, et blanchit, et me couvre de son écume.

Ce balancement, ce roulis incessant est insupportable ! En vain mon œil regarde à l'horizon et cherche à découvrir la côte de l'Allemagne. Hélas ! rien que l'onde, l'onde partout, l'onde agitée !

Comme le pèlerin, par un soir d'hiver, languit après une tasse de thé bien chaude, ainsi mon cœur languit après toi, ma patrie allemande ! Que ton sol bien-aimé soit tout couvert de folie, de hussards, de mauvais vers, et de minces petits traités à l'eau tiède ; que tes zèbres se repaissent toujours de roses au lieu de chardons, que tes nobles singes paradent orgueilleusement dans leur pompe oisive, et se croient meilleurs que le bétail ordinaire ; que tes Chambres de colimaçons se tiennent pour immortelles, parce qu'elles rampent si lentement, et chaque jour passent aux voix pour savoir si le fromage appartient aux cirons, ou délibèrent longtemps encore comment on perfectionnera les brebis d'Égypte afin que leur laine s'améliore, et que le berger puisse les tondre comme d'autres, — toujours, et quand même la folie et l'injustice te couvriraient tout entière, ô Allemagne, je languis pourtant après toi, car tu es au moins la terre ferme.

# DIVERS

## 1832-1839

## SÉRAPHINE

Quand je chemine le soir dans la forêt, dans la forêt rêveuse, toujours chemine à mon côté ta tendre figure.

N'est-ce pas là ton voile blanc, n'est-ce pas ton doux visage ? Ou bien ne serait-ce que le clair de lune qui brille à travers les sombres sapins ?

Est-ce mes propres larmes que j'entends doucement couler ? Ou chemines-tu réellement, pleurant à mes côtés ?

———

Sur la grève silencieuse de la mer la nuit est descendue, et la lune sort des nuages, et les vagues murmurent :

« Cet homme-là n'est-il point fou, ou bien même est-il amoureux ? Il a l'air si triste et si joyeux, joyeux et triste pourtant. »

Mais la lune qui rit d'en haut, dit avec sa voix claire : « Celui-là est amoureux, et fou, et par-dessus encore poëte. »

---

C'est une mouette blanche que je vois là voleter sur les vagues sombres; la lune plane bien haut.

Le chien de mer et la raie bondissent hors de la mer, la mouette monte et descend; la lune plane bien haut.

O chère âme fugitive, tu as peur et tu souffres, l'eau est trop près de toi; la lune plane bien haut.

---

Je le savais bien que tu m'aimes; dès longtemps je l'avais découvert, mais quand tu m'en as fait l'aveu, j'en ai été épouvanté.

Je suis bien monté sur les montagnes; je jubilais et je chantais; je suis allé près de la mer, et j'ai pleuré au coucher du soleil.

Comme le soleil mon cœur est enflammé, et dans une mer d'amour il s'abîme grand et beau.

---

Comme la mouette nous regarde curieuse, quand je presse mon oreille sur tes lèvres !

Elle voudrait bien savoir ce qui échappe de tes lèvres, si tu as rempli mon oreille de baisers ou de paroles.

Si seulement je savais moi-même ce qui frémit dans mon âme ? Paroles et baisers sont si merveilleusement confondus !

———

Elle s'enfuit devant moi comme une biche craintive ; elle grimpa d'écueil en écueil ; ses cheveux flottaient au vent.

Là où le rocher s'abaisse dans la mer, là je l'ai atteinte ; là, avec de douces paroles, j'ai fléchi son cœur dédaigneux.

Là nous étions assis haut comme le ciel, et heureux comme lui ; bien bas au-dessous de nous, dans la mer obscure, le soleil descendait peu à peu.

Bien bas au-dessous de nous, dans la mer obscure, le beau soleil disparaissait, les vagues bruissaient avec une fougueuse volupté.

Oh ! ne pleure pas, le soleil n'est pas mort dans ces flots, il s'est caché dans nos cœurs avec toutes ses flammes.

———

Sur ces rochers nous bâtissons l'église du troisième et nouveau testament : la souffrance est supprimée.

Elle est anéantie, la discorde qui nous a si long-temps ensorcelés ; le sot martyre des corps a cessé enfin.

Entends-tu le Dieu dans la mer obscure ? Et vois-tu sur nos têtes les mille lumières de Dieu ?

Le Dieu saint est dans la lumière comme dans les ténèbres ; il est tout ce qui est, il est dans nos baisers.

———

La nuit grisâtre est étendue sur la mer, et les petites étoiles scintillent ; parfois résonnent dans les eaux des voix qui lentement se prolongent.

Là le vieux vent du nord joue avec les vagues de la mer qui tressaillent comme des tuyaux d'orgue, et se gonflent comme eux.

Moitié païennes, moitié chrétiennes, ces mélodies résonnent, et s'élèvent hardiment vers le ciel, si bien que les étoiles se réjouissent.

Et, toujours plus grandes, elle resplendissent comme dans un éclat de joie, et, à la fin, comme des soleils, elles errent çà et là dans les cieux.

A la musique qui retentit en bas, elles tourbillonnent de la façon la plus folle; ce sont des soleils-rossignols qui gravitent là-haut rayonnants.

Et tout cela mugit et éclate puissamment : j'entends chanter mer et ciel, et une immense volupté pénètre impétueusement mon cœur.

———

Ombre de baisers, ombre d'amour, merveilleuse ombre de vie! Crois-tu, folle, que tout cela restera immuable, éternellement vrai ?

Ce que nous avons fermement possédé dans l'amour, — tout cela s'évanouit comme un rêve; le cœur oublie, les yeux se ferment.

———

La jeune fille était près de la mer, et, craintive, soupirait longuement : c'est le coucher du soleil qui l'émouvait si fort.

Sur la mer sauvage, mon vaisseau rapide cingle impétueusement sous ses voiles noires : tu sais combien je suis triste, et pourtant tu me blesses si cruellement !

Ton cœur est perfide comme le vent, et voltige de çà de là ; sous ses voiles noires, mon vaisseau cingle rapidement sur la mer sauvage.

———

Je n'ai rien dit aux hommes de ta perfidie ; je m'en suis allé sur la mer, et je l'ai racontée aux poissons.

Je ne t'ai laissé un bon renom que sur terre ferme ; — mais dans tout l'Océan on sait quelque chose de ta honte.

———

Les vagues mugissantes se pressent sur le rivage ; elles se gonflent et se brisent sur le sable.

Grandes, et puissantes, et sans relâche, elles arrivent ; à la fin elles se fâchent : à quoi cela nous sert-il ?

## RUNIQUE

Le rocher Runique se dresse sur la mer : c'est là que je me tiens avec mes songes. Le vent siffle, les mouettes jettent leur cri, les vagues passent et écument.

J'ai aimé mainte belle fille, et maint bon compagnon. Où sont-ils? Le vent siffle, les vagues écument et passent.

---

La mer rayonne à l'éclat du soleil, comme si elle était d'or : frères, quand je mourrai, ensevelissez-moi dans la mer.

J'ai toujours tant aimé la mer! Avec ses douces vagues elle a si souvent rafraîchi mon cœur! Nous nous entendions si bien!

---

## ANGÉLIQUE

Aujourd'hui que le Dieu me sourit favorablement, dois-je me taire comme un muet, moi qui dans l'infortune ai tant chanté mes souffrances !

Moi qui ai tant chanté que mille pauvres jeunes gens ont poétisé d'après moi de la façon la plus désespérée, si bien que mes souffrances ont eu les suites les plus fâcheuses.

O chœurs de rossignols que je porte dans mon âme, jubilez à plein gosier, et qu'on entende votre joie !

———

Si rapidement que tu aies passé devant moi, tu t'es pourtant retournée une fois, la bouche hardiment ouverte comme pour une question, et dans tes yeux l'orgueil impérieux.

Oh pourquoi n'ai-je pas tenté de le saisir, ton vêtement blanc fugitif ! La gracieuse trace de tes petits pieds, pourquoi ne l'ai-je jamais retrouvée ?

Ta sauvagerie a tout à fait disparu : comme les autres tu es docile, et sans arrière-pensée, et douce, et insupportablement bonne, hélas ! et maintenant tu m'aimes !

———

Jamais, jeune belle, je ne croirai ce que dit ta lèvre dédaigneuse : de tels grands yeux noirs, la vertu n'en a pas de semblables.

Ces bruns menteurs, je n'y crois pas. Je t'aime. Laisse-moi baiser ton cœur blanc : cœur blanc, me comprends-tu ?

———

Avec quelle soudaineté, des impressions les plus fugitives sort une passion sans bornes, et la liaison la plus tendre !

Chaque jour s'accroît, pour cette dame, le profond attachement de mon cœur, et me voilà presque convaincu que je suis amoureux d'elle !

Son âme est belle : c'est toujours quelque chose ; mais je suis plus sûr encore de la beauté de ses traits.

Ces hanches, ce front, ce nez, l'épanouissement de ce sourire sur les lèvres ! Et sa tenue, comme elle est bonne !

———

Ah ! comme tu es belle, quand ton âme avec confiance s'ouvre à moi, et que tes discours abondent en sentiments de la plus grande noblesse !

Quand tu me racontes combien tu as toujours été grande et digne, et quels immenses sacrifices tu as faits à l'orgueil de ton cœur !

Comme on n'a pu te gagner avec des millions, et que tu fusses morte mille fois plutôt que de te donner pour de l'argent.

Je suis là, devant toi, et j'écoute, j'écoute jusqu'à la fin, les mains pieusement jointes, comme une muette statue de la foi.

———

Je lui ferme les yeux, et je baise sa bouche; mais elle ne me laisse pas de répit, elle veut savoir pourquoi.

Depuis le soir jusqu'au matin, à chaque heure, elle me demande : « Pourquoi me fermes-tu les yeux, quand tu me baises sur la bouche ? »

Je ne lui dis pas pourquoi : moi-même en sais-je quelque chose ? Je lui ferme les yeux, et je la baise sur la bouche.

Lorsqu'enivré de beaux baisers, je suis heureux dans tes bras, ne me parle jamais de l'Allemagne : cela m'est insupportable, — et pour cause.

Je t'en prie, laisse-moi en repos avec l'Allemagne ; ne me tourmente pas d'éternelles questions sur mon pays, ma parenté, ma vie : cela m'est insupportable, — et pour cause.

Les chênes sont verts, et les yeux des femmes d'Allemagne sont bleus ; elles sont doucement langoureuses, et soupirent d'amour, d'espérance et de foi : cela m'est insupportable, — et pour cause.

———

Ne crains rien, chère âme, ici tu es parfaitement en sûreté ; ne crains pas que l'on nous vole, je vais verrouiller la porte.

Le vent peut souffler avec rage, la maison est solide, il ne l'ébranlera pas, et, de peur d'incendie, je vais souffler la lampe.

Ah ! permets que j'enlace mon bras autour de ton cou ; on prend vite un refroidissement, quand on n'a pas de châle.

———

. . . . . . . . . . . .
. . . . . . . . . . . .
. . . . . . . . . . . .
. . . . . . . . . . . .

Comme ses mains sont blanches, blanches comme des lis ! Comme ses cheveux s'enroulent rêveusement autour de son visage rose ! Sa beauté est accomplie.

Aujourd'hui seulement il me semble, — je ne sais pourquoi, — que sa taille n'est plus aussi élancée qu'autrefois, qu'elle pourrait être un peu plus fine.

---

Tandis que je suis là, épiant les maîtresses d'autrui, et que je passe et repasse avec désir devant des portes étrangères,

Peut-être d'autres en font-ils autant à une autre place, et, sous ma propre fenêtre, jettent-ils des œillades à ma maîtresse ?

C'est l'humanité ! Que le ciel nous garde sur tous les chemins, qu'il nous donne à tous bonheur et chevance !

---

Oui, certes, tu es mon idéal, déjà souvent je te l'ai certifié avec des baisers et des serments sans nombre : mais, aujourd'hui, je suis en affaires.

Repasse demain entre deux et trois : alors de nouvelles flammes te prouveront mon amour, — puis, après, nous dînerons ensemble.

Si je puis attraper des billets, je suis capable même de te mener ensuite à l'Opéra : on donne *Robert le Diable*.

C'est une grande pièce à féerie, pleine de délices diaboliques et d'amour : la musique est de Meyerbeer, — de Scribe, le mauvais libretto.

———

Ne te défais pas de moi, même lorsque la boisson enivrante aura étanché ma soif; garde-moi encore un trimestre; alors, moi aussi, j'en aurai assez.

Quand tu ne pourras plus être ma maîtresse, alors sois mon amie : quand on a traversé l'amour, on commence l'amitié.

———

La folle mascarade de cet amour, ce vertige étourdissant de nos cœurs tend à sa fin, et, revenus à nous, nous commençons à bâiller.

Il est vidé, le calice qui écumait et pétillait jusqu'aux bords de l'enivrante boisson des sens : il est vidé jusqu'au fond.

Les violons aussi se taisent, qui jouaient si vigoureusement pour la danse, pour la danse des passions ; les violons se taisent aussi.

Et les lampes aussi s'éteignent, qui répandaient leur éclatante lueur sur la mascarade bigarrée : les lampes aussi s'éteignent.

C'est demain le mercredi des Cendres ; je marquerai ton front d'une croix cinéraire, en disant : Femme, souviens-toi que tu es poudre !

―――

## DIANE

C'est sur le golfe de Biscaye qu'elle a vu le jour ; déjà dans son berceau, elle a étranglé deux petits chats.

Sans doute elle courait pieds nus sur les Pyrénées ; plus tard, jeune géante, elle se fit voir à Perpignan.

Maintenant elle est la plus grande dame du faubourg Saint-Denis ; elle coûte déjà trois mille louis au petit sir William.

———

Parfois, quand je suis auprès de vous, ô grande bien-aimée, noble Doña, je me ressouviens, et je crois errer sur la place du marché, à Bologne.

Il y a là une grande fontaine qui s'appelle *Fonte del Gigante;* au-dessus se tient un Neptune de Jean de Bologne, ce vieux maître.

———

## HORTENSE

Nous sommes bien restés une bonne heure au coin de la rue ; nous parlions, pleins de tendresse, du pacte de nos âmes.

Nous nous sommes dit plus de cent fois que nous nous aimions ; nous étions au coin de la rue, et nous y sommes restés.

La déesse de l'occasion, comme une soubrette alerte et gaie, passa et nous vit là, et, riant, suivit son chemin.

Dans mes rêves du jour, dans mes veilles de nuits, toujours résonne dans mon âme ton rire délicieux.

Penses-tu encore à Montmorency, quand tu chevauchais sur un âne, et que, du haut de ta selle, tu culbutas dans les chardons?

L'âne resta là tranquillement, et se mit à brouter les chardons : ton délicieux rire, je ne l'oublierai jamais.

———

(ELLE PARLE)

Il y a un arbre dans un beau jardin, et une pomme y est suspendue, et un serpent s'enroule à la branche, et je ne puis détourner mes regards de ces doux yeux de serpent, et cela siffle avec tant de promesses, et cela attire comme le bonheur.

(L'AUTRE PARLE)

C'est là le fruit de la vie : repais-toi de ses délices, afin de ne pas perdre inutilement le temps qu'il t'est donné de vivre ! Belle enfant, pieuse colombe, goûte une fois et n'aie pas peur : suis mon conseil, et crois ce que dit ta tante qui en sait long.

Je joue de nouveaux airs sur la cithare remontée à neuf. Le texte est vieux. Ce sont les paroles de Salomon : « La femme est amère ! »

Elle est infidèle à l'ami, comme elle l'a été à l'époux. Les dernières gouttes de la coupe d'or de l'amour sont de l'absinthe.

Elle est vraie aussi, la légende obscure de la malédiction du péché que t'a préparé le serpent, comme il est dit dans le livre antique.

Rampant sur son ventre, le serpent est encore aux aguets dans tous les buissons ; comme autrefois il cause encore flatteusement avec toi, et tu l'entends volontiers siffler.

Ah ! il fait si sombre et si froid ! Autour du soleil volent les corbeaux croassants. Amour et joie pour longtemps sont maintenant ensevelis.

Le bonheur que tu m'avais mensongèrement promis, ne m'a pas longtemps trompé. Comme un rêve décevant, ton image a traversé mon cœur.

Le matin vint, le soleil parut, le brouillard s'est dissipé. Nous avions fini dès longtemps, avant d'avoir à peine commencé.

## CLARISSE

Tu cherches anxieusement à repousser mes plus belles offres d'amour; puis, quand je demande si c'est là un refus, tu te mets tout de suite à pleurer.

---

Partout, où que tu ailles, tu me regardes à toute heure, et plus tu me maltraites, plus je te reste fidèlement attaché.

Car la méchanceté gracieuse m'enchaîne toujours, comme me chasse toujours la bonté. Veux-tu te débarrasser sûrement de moi, tu n'as qu'à tomber amoureuse.

---

Le diable emporte ta mère, et ton père aussi, qui, si cruellement, m'empêchent de te voir au théâtre !

Car ils étaient là, et, avec leur grande toilette, ils me permettaient à peine de t'apercevoir, douce bien aimée, au fond de la loge.

Ils étaient là, et contemplaient le désastre de deux amoureux, et ils applaudirent de toute leur force quand ils les virent tous deux mourir.

———

Ne va pas dans la méchante rue où demeurent ces beaux yeux. Ils ne t'épargneront que trop généreusement avec leurs éclairs.

Du haut de la fenêtre en arcade ils saluent le plus gracieusement du monde ; ils sourient d'un air amical ; enfer et mort ! ils t'aiment fraternellement.

Mais te voilà déjà en route, et la lutte est inutile : tu rapporteras au logis un cœur tout plein de malheur.

———

Blessé maintenant, souffrant et malade dans les plus beaux jours de l'été, je fuis les hommes, et je porte mes plaintes amères à la forêt.

Les oiseaux babillards, émus de pitié, se taisent quand j'approche ; le tilleul au sombre feuillage soupire de ma douleur.

Dans le vallon, sur la pelouse verte, je m'assieds plein de chagrin : « Chatte! ma belle chatte! » redisent tristement les collines.

« Chatte, ma belle chatte! tu as pu me blesser ainsi, et, comme avec une griffe de tigre, me déchirer le cœur;

» Ce cœur sérieux et triste, était depuis longtemps fermé au bonheur. Hélas! un nouvel amour vint m'atteindre, quand m'atteignirent tes regards.

« Tu semblais miauler secrètement : ne crois pas que je te griffe, n'aie pas peur, fie-toi à moi, je suis une bonne chatte. »

. . . . . . . . . . . . . . . . . . . . . . . .
. . . . . . . . . . . . . . . . . . . . . . . .

———

Les libres rossignols des bois chantent à leur manière et sans règle; les oiseaux sautillants des Canaries doivent te plaire davantage.

Ces jaunes petits êtres apprivoisés, je te vois les nourrir dans leur cage, et ils piquent tes doigts quand ils sentent le sucre.

Quelle scène sentimentale et tendre! Les anges là-haut doivent y prendre plaisir. Et moi-même il faut que je donne une larme à mon attendrissement.

———

Le printemps arrive avec ses présents de noces, ses jubilations et sa musique; il vient féliciter la petite fiancée et son fiancé.

Il apporte du jasmin et des roses, et des violettes et des herbettes odorantes, et du céleri pour le fiancé, et des asperges pour la petite fiancée.

———

Que Dieu vous garde de tout échauffement, de palpitations trop fortes, de sueurs trop odorantes, et de réplétions d'estomac.

Comme au jour de vos noces, que l'amour vous soit encore propice quand, dès longtemps, vous serez sous le carcan conjugal, — et votre corps qu'il prospère aussi !

———

A bon droit maintenant, bonne jeune fille, tu peux penser de moi : « Vraiment, cet homme est méchant, moi-même il cherche à me blesser.

9.

» Moi qui ne lui ai jamais dit ce qui pouvait le peiner le moins du monde, moi, quand on l'accusait, qui l'ai passionnément défendu,

» Moi qui étais même sur le point de l'aimer un jour, s'il n'avait pas fait l'extravagant, et mené les choses comme un fou. »

---

Comme tu grondes, et ris, et ricanes, comme tu t'agites avec dépit, lorsque, sans aimer toi-même, tu ressens pourtant de la jalousie.

Ce n'est pas la rose rouge et odorante que tu veux respirer ou baiser : non, tu ne flaires que les épines, jusqu'à ce qu'elles te déchirent le nez.

---

Il est trop tard pour que tu me souries, et tes soupirs ils m'arrivent trop tard! Dès longtemps sont morts les sentiments que tu as un jour si cruellement dédaignés.

L'amour que tu me rends arrive trop tard. Tes brûlants regards d'amour descendent sur mon cœur, comme les rayons du soleil sur un tombeau.

\*
\*  \*

Je voudrais seulement savoir une chose : quand nous mourons, où s'en va ensuite notre âme? Où est le feu qui s'est éteint? Où est le vent qui a cessé de souffler?

---

## JENNY

J'ai maintenant trente-cinq ans, et tu en as quinze à peine... O Jenny, quand je te regarde, le songe d'autrefois s'éveille en moi.

En l'an mil huit cent dix-sept, je vis une jeune fille merveilleusement semblable à toi d'air et de figure ; elle portait ses cheveux comme toi.

Je pars pour l'université, lui dis-je, je reviendrai bientôt, attends-moi. — Elle répondit : « Tu es ma seule félicité. »

Trois ans déjà j'avais étudié les Pandectes, lorsque, le premier mai, à Goettingue, j'appris que ma fiancée était mariée.

C'était le premier mai ! Le vert printemps s'avançait à travers campagnes et vallées, les oiseaux chantaient, et chaque insecte s'égayait aux rayons du soleil.

Mais, moi, je devins pâle et malade, et mes forces s'en allaient. Le bon Dieu seul peut savoir ce que j'ai souffert la nuit.

Pourtant je guéris. Ma santé aujourd'hui est forte comme un chêne... O Jenny, quand je te regarde, le songe d'autrefois se réveille en moi.

―――

## EMMA

Il est là, aussi immobile qu'un tronc d'arbre, dans la chaleur, la gelée ou le vent; son orteil prend racine en terre, ses bras se lèvent.

Ainsi se tourmente Bagiratha, si longtemps que Brahma veut enfin mettre un terme à sa douleur, et fait couler le Gange des hauteurs du ciel.

Mais moi, bien-aimée, en vain je me martyrise et me tourmente, de tes yeux célestes pas une goutte ne descend sur moi.

―――

Vingt-quatre heures encore il me faut attendre le bonheur suprême que m'ont promis, dans un clignement suave, tes yeux en coulisse.

O la langue est si pauvre, et la parole si grossière ! en la prononçant, le beau papillon s'envole,

Mais le regard est infini, et il agrandit à l'infini ta poitrine comme un ciel étoilé de délices.

———

Pas même un unique baiser, après de longs mois d'amour ! Et me voilà, le plus pauvre des hommes, restant là les lèvres altérées.

Une fois le bonheur s'approcha de moi ; déjà je pouvais sentir son souffle, mais il s'envola sans toucher mes lèvres.

———

Emma, dis-moi la vérité : est-ce l'amour qui m'a rendu fou ? ou bien est-ce de folie que je suis devenu amoureux ?

Hélas ! chère Emma, outre mon fol amour et ma folie amoureuse, ce dilemme me tourmente encore.

———

Suis-je près de toi, querelles et chagrins ! et je veux m'en aller. — Mais loin de toi la vie n'est pas la vie, c'est la mort.

Je passe mes nuits à ruminer ainsi, choisissant entre la mort et l'enfer : ah ! je crois que cette souffrance m'a déjà rendu fou !

―――

Déjà la nuit mauvaise se glisse vers nous et s'avance avec ses plus sinistres ombres ; nos âmes s'allanguissent, nous nous regardons en bâillant.

Tu vieillis, et moi plus encore ; notre printemps est passé, tu deviens froide et moi plus froid encore, à mesure que l'hiver approche.

Hélas ! la fin est si triste ! Après les doux chagrins d'amour, viennent les chagrins sans amour ; après la vie vient la mort.

―――

# LE TANNHAEUSER

LÉGENDE

1836

Bons chrétiens, ne vous laissez pas envelopper dans les filets de Satan; c'est pour édifier votre âme que j'entonne la chanson du Tannhaeuser.

Le noble Tannhaeuser, ce brave chevalier, voulait goûter amours et plaisirs, et il se rendit à la montagne de Vénus, où il resta sept ans durant.

« — O Vénus, ma belle dame, je te fais mes adieux. Ma gracieuse mie, je ne veux plus demeurer avec toi; tu vas me laisser partir. »

« — Tannhaeuser, mon brave chevalier, tu ne m'as pas embrassée aujourd'hui. Allons, viens vite m'embrasser, et dis-moi ce dont tu as à te plaindre.

» N'ai-je pas versé chaque jour dans ta coupe les vins les plus exquis, et n'ai-je pas chaque jour couronné ta tête de roses? »

« — O Vénus, ma belle dame, les vins exquis et les tendres baisers ont rassasié mon cœur; j'ai soif de souffrances.

» Nous avons trop plaisanté, trop ri ensemble ; les larmes me font envie maintenant, et c'est d'épines et non de roses que je voudrais voir couronner ma tête. »

« — Tannhaeuser, mon brave chevalier, tu me cherches noise ; tu m'as pourtant juré plus de mille fois de ne jamais me quitter.

» Viens, passons dans ma chambrette ; là nous nous livrerons à d'amoureux ébats. Mon beau corps blanc comme le lis égaiera ta tristesse. »

« — O Vénus, ma belle dame, tes charmes resteront éternellement jeunes ; il brûlera autant de cœurs pour toi qu'il en a déjà brûlé.

» Mais lorsque je songe à tous ces dieux et à tous ces héros que tes appas ont charmés, alors ton beau corps blanc comme le lis commence à me répugner.

» Ton beau corps blanc comme le lis m'inspire presque du dégoût, quand je songe combien d'autres s'en réjouiront encore. »

« — Tannhaeuser, mon brave chevalier, tu ne devrais pas me parler de la sorte ; j'aimerais mieux te voir me battre, comme tu l'as fait maintes fois.

» Oui, j'aimerais mieux te voir me battre, chrétien froid et ingrat, que de m'entendre jeter à la face des insultes qui humilient mon orgueil et me brisent le cœur.

» C'est pour t'avoir trop aimé que tu me tiens sans doute de tels propos. Adieu, pars donc, je te le permets; je vais moi-même t'ouvrir la porte. »

———

A Rome, dans la sainte ville, l'on chante et l'on sonne les cloches; la procession s'avance solennellement, et le pape marche au milieu.

C'est Urbain, le pieux pontife; il porte la tiare, et la queue de son manteau de pourpre est portée par de fiers barons.

« — O Saint-Père ! pape Urbain, tu ne quitteras pas cette place sans avoir entendu ma confession et m'avoir sauvé de l'enfer. »

La foule élargit son cercle; les chants religieux cessent. Quel est ce pèlerin pâle et effaré, agenouillé devant le pape?

« — O Saint-Père ! pape Urbain, toi qui peux lier et délier, soustrais-moi aux tourments de l'enfer et au pouvoir de l'esprit malin.

» Je me nomme le noble Tannhaeuser. Je voulais goûter amours et plaisirs, et je me rendis à la montagne de Vénus, où je restai sept ans durant.

» Dame Vénus est une belle femme, pleine de

grâces et de charmes ; sa voix est suave comme le parfum des fleurs.

» Ainsi qu'un papillon qui voltige autour d'une fleur pour en aspirer les doux parfums, mon âme voltigeait autour de ses lèvres roses.

» Les boucles de ses cheveux noirs et sauvages tombaient sur sa douce figure ; et lorsque ses grands yeux me regardaient, ma respiration s'arrêtait.

» Lorsque ses grands yeux me regardaient, je restais comme enchaîné, et c'est à grand'peine que je me suis échappé de la montagne.

» Je me suis échappé de la montagne ; mais les regards de la belle dame me poursuivent partout ; ils me disent : Reviens, reviens !

» Le jour, je suis semblable à un pauvre spectre ; la nuit, ma vie se réveille, mon rêve me ramène auprès de ma belle dame ; elle est assise près de moi, et elle rit.

» Elle rit, si heureuse et si folle, et avec des dents si blanches ! Oh ! quand je songe à ce rire, mes larmes coulent aussitôt.

» Je l'aime d'un amour sans bornes. Il n'est pas de frein à cet amour ; c'est comme la chute d'un torrent dont on ne peut arrêter les flots.

» Il tombe de roche en roche, mugissant et écumant, et il se romprait mille fois le cou plutôt que de ralentir sa course.

» Si je possédais le ciel entier, je le donnerais à ma dame Vénus; je lui donnerais le soleil, je lui donnerais toutes les étoiles.

» Mon amour me consume, et ses flammes sont effrénées. Seraient-ce là déjà le feu de l'enfer et les peines brûlantes des damnés ?

» O Saint-Père ! pape Urbain, toi qui peux lier et délier, soustrais-moi aux tourments de l'enfer et au pouvoir de l'esprit malin ! »

Le pape lève les mains au ciel et dit en soupirant :
« — Infortuné Tannhaeuser, le charme dont tu es possédé ne peut être rompu.

» Le diable qui a nom Vénus est le pire de tous les diables, et je ne pourrai jamais t'arracher à ses griffes séduisantes.

» C'est avec ton âme qu'il faut racheter maintenant les plaisirs de la chair. Tu es réprouvé désormais et condamné aux tourments éternels. »

Le noble chevalier Tannhaeuser marche vite, si vite, qu'il en a les pieds écorchés, et il rentre à la montagne de Vénus, vers minuit.

Dame Vénus se réveille en sursaut, sort promptement de sa couche, et bientôt enlace dans ses bras son bien-aimé.

Le sang sort de ses narines, ses yeux versent des larmes, et elle couvre de sang et de larmes le visage de son bien-aimé.

Le chevalier se met au lit sans mot dire, et dame Vénus se rend à la cuisine pour lui faire la soupe.

Elle lui sert la soupe, elle lui sert le pain, elle lave ses pieds blessés, elle peigne ses cheveux hérissés, et se met doucement à rire.

« — Tannhaeuser, mon brave chevalier, tu es resté longtemps absent. Dis-moi quels sont les pays que tu as parcourus? »

« — Dame Vénus, ma belle mie, j'ai visité l'Italie; j'avais des affaires à Rome, j'y suis allé, et puis je suis revenu en hâte auprès de toi.

» Rome est bâtie sur sept collines: il y coule un fleuve qui s'appelle le Tibre. A Rome, je vis le pape; le pape te fait dire bien des choses.

» Pour revenir de Rome, j'ai passé par Florence; j'ai traversé Milan et escaladé hardiment les Alpes.

» Pendant que je traversais les Alpes, la neige tombait, les lacs bleus me souriaient, les aigles croassaient.

» Du haut du Saint-Gothard j'entendis ronfler la bonne Allemagne; elle dormait là-bas du sommeil du juste, et sous la sainte et digne garde de ses chers roitelets.

» J'avais hâte de revenir auprès de toi, dame Vénus, ma mie. On est bien ici, et je ne quitterai plus jamais ta montagne. »

# CHANTS DE LA CRÉATION

Au commencement, Dieu créa le soleil, puis les constellations nocturnes ; là-dessus, il créa encore les bœufs de la sueur de son front.

Plus tard il créa les bêtes sauvages, les lions avec leurs griffes terribles ; à l'image du lion, il créa de jolis petits chats.

Pour peupler le désert, l'homme fut ensuite créé ; à l'image gracieuse de l'homme, il créa des singes intéressants.

Satan vit cela et rit : « Hé ! le Seigneur se copie lui-même ! A l'image de ses bœufs, il finira par faire des veaux ».

———

Et Dieu dit au diable : « Moi, le Seigneur, je me copie moi-même : d'après le soleil, je fais les étoiles, d'après les bœufs, je fais les veaux, d'après les lions avec leurs griffes, je fais d'aimables petits chats, d'après les hommes je fais des singes, — mais toi tu ne peux absolument rien créer.

---

» J'ai fait à ma gloire et à ma louange, les hommes, les lions, les bœufs, le soleil ; mais les étoiles, les veaux, les chats et les singes, je les ai créés pour mes propres délices.

---

» A peine eus-je commencé de créer le monde, en une semaine tout fut fait. Mais, auparavant, j'avais profondément médité, pendant des milliers d'années, le plan de la création.

» La création elle-même n'est qu'une affaire sans importance, cela se gâche facilement à court terme ; mais le plan, la conception, montrent seuls le véritable artiste.

» Rien que pour savoir comment on ferait le mieux les docteurs en droit et même les petites puces, j'ai réfléchi chaque jour pendant trois cents ans. »

---

Le Seigneur dit le sixième jour : « Enfin j'ai consommé cette grande création, et j'ai tout fait pour le mieux.

» Comme le soleil se réfléchit couleur de rose et d'or, dans la mer! Comme les arbres sont verts et splendides! Tout cela ne semble-t-il pas peint sur toile?

» Les petits agneaux, là-bas, dans la prairie, ne sont-ils pas blancs comme l'albâtre? La nature n'est-elle pas d'une beauté accomplie, et parfaitement naturelle?

» Terre et ciel sont remplis de ma magnificence, et l'homme me célèbrera d'éternité en éternité. »

―――

« Le sujet, la matière du poème, cela ne s'apprend pas tout seul ; nul dieu ne crée quelque chose de rien, pas plus que les poètes terrestres.

» Du sale limon des mondes primitifs j'ai créé les corps des hommes, et, de la graisse des côtes de l'homme, j'ai créé les belles femmes.

» De la terre j'ai créé le ciel, et des femmes les anges : la matière ne prend tout son prix que par une forme artistique.

» Pourquoi réellement j'ai créé le monde, je le reconnaîtrai volontiers : je sentais cette vocation me brûler l'âme comme une folie ardente.

» Oui, c'est la maladie qui a été le premier motif de ce besoin de création : en créant je pouvais guérir, en créant je devins sain. »

# FRÉDÉRIQUE

## 1823

Quitte Berlin avec ses sables épais, son thé clair et ses gens ultra-spirituels qui dès longtemps, à l'aide de la logique de Hégel, ont compris ce que veut dire Dieu, le monde, et leur propre moi.

Viens avec moi dans l'Inde, le pays du soleil, où les fleurs d'Ambra exhalent leurs parfums, où les pieuses caravanes des pèlerins cheminent vers le Gange en blancs habits de fête.

Là où les palmiers rafraîchissent l'air, où scintillent les vagues du fleuve, sur le rivage sacré où les fleurs du lotus s'élancent jusqu'à la forteresse d'Indra éternellement bleue;

Là je veux dévotement tomber à tes genoux, et presser tes pieds, et te dire : Madame, vous êtes la plus belle de toutes les femmes !

Le Gange mugit, les antilopes regardent prudemment hors du feuillage et bondissent en folâtrant, les paons orgueilleux se promènent en étalant l'arc-en-ciel diapré de leurs ailes.

Du sein profond des prairies soleillantes sortent par multitudes de nouvelles familles de fleurs; enivré de langueur, le chant de Kokila résonne : — Oui, tu es belle, toi, la plus belle de toutes les femmes!

Sous chacun de tes traits se cache Kama, le dieu d'amour; il habite dans les blanches tentes de ton sein, et soupire dans ta voix les chants les plus doux;

J'ai vu Wassant reposer sur tes lèvres; dans tes yeux je découvre de nouveaux mondes, et je me sens à l'étroit dans celui-ci.

---

Le Gange mugit, le vaste fleuve enfle ses eaux, l'Himalaya rayonne aux rougeurs du soir et de l'obscurité nocturne des forêts de bananiers des troupes d'éléphants se précipitent en bramant.

Une image! Une image! Mon cheval pour une image digne que je te compare à elle, toi l'incomparable, toi, gracieuse et belle, toi, bonne et pure, qui remplis mon cœur d'une joie sereine!

Tu me regardes faisant la chasse aux images, tu me vois aux prises avec le sentiment et la rime ; — hélas ! et tu ris de mon tourment.

Mais ris seulement... Quand tu ris, les anges là-haut saisissent leurs harpes, et chantent dans la salle d'or du soleil le choral retentissant de l'*Alleluia*.

# CATHERINE

Une belle étoile se lève dans ma nuit, une étoile qui semble me sourire, et me promettre une vie nouvelle... Oh! ne mens pas!

Comme la mer se gonfle vers la lune, ainsi mon âme s'élance joyeusement vers ta gracieuse lumière... Oh! ne mens pas!

---

« Voulez-vous lui être présenté? » me chuchota la duchesse. — « Non, de par le ciel! il me faudrait être un héros; son seul aspect trouble mes sens. »

Cette belle femme me fait peur. Je pressens que près d'elle commencent pour moi une vie nouvelle, de nouvelles joies et de nouvelles douleurs.

Une sorte d'angoisse me retient loin d'elle, et près d'elle le désir me ramène. Ses yeux m'apparaissent comme les astres orageux de ma destinée.

Le front est pur. Mais déjà semble y palpiter le futur éclair, l'orage qui bientôt secouera mon âme jusqu'au fond.

La bouche est pieuse. Mais sous les roses, j'aperçois déjà, épouvanté, les vipères qui me blesseront un jour avec de faux baisers, avec un doux dédain.

Le désir m'appelle. Il faut que je m'approche de ce lieu charmant et désastreux ; — déjà je puis entendre sa voix : sa parole est une flamme qui pétille.

« Quel est, Monsieur, » dit-elle, « le nom de la cantatrice qui a chanté tout à l'heure ? Et je réponds en bégayant : « Madame, je n'ai rien entendu. »

———

Comme Merlin l'Enchanteur, je suis un pauvre nécromant, emprisonné dans mon propre cercle magique.

Enchaîné à ses pieds, me voilà regardant sans cesse ses yeux, et les heures passent.

Les heures, les jours, des semaines entières s'écoulent comme un rêve ; ce que je dis, je le sais à peine ; je ne sais pas non plus ce qu'elle dit.

Parfois il me semble que ses lèvres effleurent ma bouche : alors, jusque tout au fond de mon âme, je sens les flammes éclater.

―――

Tu es si bien dans mes bras! sur mon cœur tu es si bien! Je suis tout ton ciel, tu es ma plus chère étoile.

Profondément, au-dessous de nous, fourmille la folle race humaine. Ils crient, et pestent, et s'injurient, — et tous ont raison.

Ils font résonner les clochettes de leurs bonnets, et se querellent sans cause : avec leurs massues ils se font des blessures à la tête.

Combien nous sommes heureux d'être si loin d'eux! Tu caches ta tête dans ton ciel, ô mon étoile bien-aimée!

―――

Quand fleurissait la rose nouvelle, et que le rossignol chantait, tu m'as caressé, tu m'as baisé et tenu tendrement embrassé.

Maintenant que l'automne a effeuillé la rose et chassé le rossignol, tu t'es envolée aussi et je suis resté seul.

Longues et froides sont déjà les nuits : dis, veux-tu longtemps tarder encore? Dois-je toujours me contenter de rêver à mon ancien bonheur?

---

Nos âmes demeurent, il est vrai, fermement unies dans un sentiment platonique : notre liaison spirituelle est indestructible.

Oui, même en cas de séparation, facilement elles se retrouveraient; car les âmes ont des ailes, des ailes rapides de papillons.

Et d'ailleurs, elles sont immortelles, et l'éternité est longue : celui qui a du temps et qui cherche, celui-là trouve, où que le mène son désir.

Toutefois pour les corps, les pauvres corps, la séparation est chose nouvelle : ils n'ont point d'ailes, ils n'ont que des jambes, et ils sont mortels.

Pensez-y, belle Kitty, sois raisonnable, prudente et sage : reste en France jusqu'au printemps, jusqu'à ce que j'aille avec toi en Angleterre.

---

J'aime ces membres délicats, enveloppe élancée d'une âme tendre, ces yeux avec leur grandeur sauvage, ce front sur lequel ondoie cette masse de cheveux noirs.

Tu es justement de la véritable espèce que j'ai cherchée en tous pays ; celles qui te ressemblent ont aussi bien su m'apprécier.

Tu as trouvé en moi l'homme qu'il te faut. Tu me combleras de bonheur, de sentiment et de baisers, et puis tu me trahiras, selon l'usage.

———

Le printemps semblait déjà m'attendre amicalement à la porte ; toute la contrée est en fleurs comme un jardin.

La bien-aimée est assise à mes côtés dans la voiture qui roule rapidement ; elle me regarde avec tendresse, je sens battre son cœur.

Tout chante et embaume aux rayons bienfaisants du soleil, tout brille dans sa verte parure. Le jeune arbre balance joyeusement sa petite tête toute blanche de fleurs.

Les fleurs de la terre regardent et considèrent d'un

œil curieux la belle femme que j'ai élue, et moi l'élu du bonheur.

Bonheur passager ! Demain déjà frémira la faux dans les blés mûrs. Le doux printemps se fanera, la femme me trahira.

———

Kitty meurt ! Je vois ses joues pâlir toujours plus. Et pourtant, tout près de sa mort, moi le plus malheureux des hommes, il faut que je la quitte !

Kitty meurt ! Elle sera bientôt couchée au cimetière dans un lit glacé ! Elle le sait ! Et toutefois, jusqu'à la dernière heure, elle est occupée des autres.

Elle veut que je porte, l'hiver prochain, les bas qu'elle m'a tricotés elle-même avec la plus chaude laine d'agneau.

———

Les branches jaunies tremblent, les feuilles tombent : hélas ! tout ce qui est aimable et gracieux se fane et descend dans la fosse.

Un triste rayon de soleil se joue sur les cimes de la forêt : ce sont, sans doute, les derniers baisers de l'été qui s'en va.

Il me semble que je devrais pleurer du plus profond de mon cœur : tout cela me rappelle l'heure de notre séparation.

Il m'a fallu te quitter, et je savais que tu mourrais bientôt ! J'étais l'été qui s'en va ; toi, tu étais la forêt mourante.

———

Je rêvais récemment que j'étais allé me promener avec toi dans le royaume du ciel, — car, sans toi, le ciel serait un enfer.

Là, je vis les élus, les justes et les saints, qui ont tourmenté ici-bas leur corps pour le salut de l'âme.

Pères de l'Église et apôtres, ermites, capucins, vieux hiboux, quelques-uns jeunes, — ceux-ci l'air plus misérable encore.

De longs et saints visages, têtes chauves, barbes grises (parmi eux plusieurs Juifs), passaient sérieux devant nous ;

Ils ne jetaient pas un regard sur toi, ma bien-aimée, bien que tu fusses là, suspendue à mon bras, enjouée, souriante et coquette.

Un seul de la troupe te regardait, et c'était le seul qui fût beau ; sa figure était d'une splendeur merveilleuse.

Bonté humaine sur ses lèvres, divine sérénité dans ses yeux; comme autrefois sur Madeleine, il abaissait ses regards sur toi.

---

Chacun à cette fête a amené sa bien-aimée, et se réjouit de cette splendide nuit d'été : je chemine seul, il me manque tout ce que j'aimais.

Je chemine seul comme un malade. Je fuis la joie, je fuis la danse, et la belle musique et l'éclat des flambeaux : en Angleterre sont mes pensées.

Je cueille des roses, je cueille des œillets; distrait et triste, je ne sais à qui les donner : mon cœur et les fleurs se flétrissent.

---

Si longtemps j'ai eu le cœur serré, je ne pouvais chanter; maintenant, je recommence à soupirer des vers : comme des larmes qui nous viennent tout à coup, ainsi tout à coup me viennent des Lieder.

Une fois encore je puis mélodieusement chanter de grands amours, des souffrances plus grandes encore, des cœurs qui ne s'entendent pas, et pourtant se brisent en se séparant.

Parfois il me semble que j'entends frémir sur ma tête les chênes d'Allemagne; ils parlent en chuchotant d'un futur revoir, — mais ce n'est qu'un rêve — ils disparaissent.

Parfois je crois entendre comme jadis chanter les rossignols allemands. Comme leurs accords m'enveloppent doucement! Mais ce n'est qu'un rêve, — ils se taisent.

Où sont les roses dont l'amour une fois me rendit heureux? — Dès longtemps, leurs fleurs sont fanées! — Leurs parfums reviennent dans mon âme comme de tristes fantômes.

A L'ÉTRANGER

Quelque chose te pousse de lieu en lieu, tu ne sais pas même pourquoi; dans le vent résonne une douce parole, étonné tu regardes autour de toi.

L'amour qui est resté là-bas te crie doucement : « O reviens, je t'aime, tu es mon unique bonheur ! »

Mais plus loin ! plus loin ! sans repos ! tu ne peux plus t'arrêter; ce que tu as tant aimé, tu ne dois plus le revoir.

———

Ramsgate, 1828.

» O le doux poète dont les chants nous ravissent ! Que ne l'avons-nous près de nous pour combler de bonheur ses lèvres ! »

Tandis que d'aimables dames avaient ces gracieuses pensées, il me fallait languir à cent milles de distance, au triste foyer de l'étranger.

Le beau temps qu'il fait au sud ne nous sert de rien

dans le nord, et notre pauvre cœur ne s'engraisse pas des baisers qui lui sont destinés.

———

J'ai rêvé d'une belle enfant, elle portait ses cheveux en tresses ; nous étions assis sous le vert tilleul, dans les belles nuits bleues d'été.

Nous nous aimions, et nous nous embrassions volontiers ; nous causions de joie et de souffrance : les étoiles d'or soupiraient au ciel, et semblaient nous envier.

Je me suis réveillé, et je regarde autour de moi : je suis seul dans l'obscurité. Au ciel, indifférentes et muettes, je vois les étoiles étinceler.

———

Tu es vraiment aujourd'hui accablé de tristesse comme je ne t'ai pas vu depuis longtemps ; des larmes brillent sur tes joues, et tes soupirs deviennent plus profonds.

Penses-tu à la patrie lointaine qui a disparu à tes yeux dans la brume? Avoue-le, tu serais volontiers quelquefois dans la chère patrie.

Penses-tu à la dame charmante qui t'amusait si bien

avec ses petites colères? Souvent tu l'irritais; — puis elle redevenait aimable, et vous finissiez toujours par rire.

Penses-tu aux amis qui, aux grandes heures, se jetaient sur ton sein? Dans le cœur les pensées s'agitaient orageuses, et pourtant la bouche restait muette.

Penses-tu à ta mère et à ta sœur? Avec toutes deux tu t'entendais si bien! Je crois vraiment, mon ami, que ton humeur farouche se fond dans ton cœur.

Penses-tu aux oiseaux et aux arbres du jardin où tu as souvent songé les jeunes songes de l'amour, où tu as tremblé, où tu as espéré!

Il est déjà tard. La nuit claire est pâlie du reflet de neige humide. Il faut que je me hâte de m'habiller pour aller en société. Hélas!

———

J'eus une fois une belle patrie; le chêne y croissait si haut, les violettes regardaient doucement. C'était un rêve.

Elle me donnait des baisers en allemand, et en allemand me disait (on se figure à peine comme ces mots sonnent bien) : « Je t'aime! » C'était un rêve.

# ROMANCES

## FÊTE DU PRINTEMPS

C'est la triste joie du printemps ! Les belles jeunes filles, troupe sauvage, accourent en désordre, les cheveux flottants, avec des cris de deuil, et le sein nu : « Adonis ! Adonis ! »

La nuit tombe. A la lueur des torches elles cherchent çà et là dans la forêt qui retentit d'un tumulte inquiet, de pleurs et de rires, et de sanglots et de cris : « Adonis ! Adonis ! »

Le jeune homme, merveilleusement beau, est étendu sur le sol, pâle et mort ; son sang rougit les fleurs, et des cris plaintifs remplissent l'air : « Adonis ! Adonis ! »

## CHILDE HAROLD

Une grande barque noire cingle tristement au large : les gardiens du cadavre, masqués et muets, y sont assis.

Le poète mort est couché là, tranquille, la figure découverte : ses yeux bleus regardent encore comme autrefois vers la lumière du ciel.

Du fond des eaux il semble qu'on entend les cris d'une ondine, fiancée malade, et les vagues se brisent le long de la barque avec un bruit plaintif.

---

## SOLEIL ET POÈTE

*Le Soleil parle :*

Que te font mes regards? C'est le bon droit du soleil ; il rayonne sur le maître comme sur le valet. Je resplendis parce que je ne puis faire autrement.

Que t'importent mes regards ? Pense à remplir ton devoir : prends femme, fais un enfant, et sois un honnête homme d'Allemand.

Je rayonne parce que je ne puis faire autrement; je monte dans le ciel et j'en descends chaque jour; par ennui, je regarde en bas : que t'importe?

*Le poète parle :*

C'est précisément là ma vertu que je supporte ton regard, la lumière de l'éternelle jeunesse de l'âme, éclatante beauté, bonheur flamboyant !

Mais maintenant je sens s'affaiblir ma force visuelle, et, comme des crêpes noirs, des ombres nocturnes descendent sur mes pauvres paupières...

*Chœur des singes :*

Nous autres singes, nous regardons le soleil les yeux écarquillés et la bouche ouverte; nous autres singes, nous regardons le soleil parce qu'il ne peut pourtant pas l'empêcher.

*Chœur des grenouilles :*

Dans l'eau, dans l'eau, c'est plus humide encore que sur terre, et, sans peine, nous nous délectons aux regards du soleil.

*Chœur des taupes :*

Quelles sottises disent donc les gens quand ils parlent des rayons et des regards du soleil! Nous ne sentons rien qu'une chaude démangeaison, et nous avons alors coutume de nous gratter.

*Un ver luisant parle :*

Comme le soleil fait son important avec sa courte splendeur de chaque jour! Je ne me montre pas si vaniteux, moi, et je suis pourtant aussi une grande lumière, dans la nuit! dans la nuit!

---

## MAUVAISE ÉTOILE

L'étoile rayonnait si gaiement, quand tout à coup elle tomba du ciel. Tu me demandes, enfant, ce que c'est que l'amour? Une étoile dans un tas de fumier.

Comme un chien galeux qui a péri dans un coin, elle est là couverte d'ordures. Le coq chante, la truie grogne, et, dans son ardeur amoureuse, se vautre dans la fange.

Oh! si j'étais pourtant tombée dans le jardin où les fleurs m'attendaient, où j'ai souvent souhaité de trouver une mort décente, un tombeau parfumé!

## ANNÉE 1839

Allemagne, ô mon amour lointain, quand je pense à toi, les larmes me viennent : la gaie France me semble triste, le peuple léger me pèse lourdement.

Rien que le bon sens sec et froid dans ce Paris plein d'esprit. O clochettes de la folie, cloches de la foi, comme vous tintez doucement dans mon pays !

Hommes polis ! Et pourtant je rends de mauvaise humeur leur aimable salut. La grossièreté dont j'ai joui jadis dans ma patrie, c'était mon bonheur !

Femmes souriantes ! Elles babillent sans cesse, toujours en mouvement comme des roues de moulin ! Parlez-moi des femmes d'Allemagne qui se mettent au lit sans mot dire.

Et tout ici tourbillonne follement comme un rêve insensé. Chez nous tout reste gentiment dans l'ornière, et bouge à peine comme cloué à sa place.

Il me semble que j'entends résonner de loin doucement la trompe connue des veilleurs de nuit : leurs chants viennent jusqu'à moi, et, au travers, les accords du rossignol.

Il se sentait si heureux, le poëte, dans sa bienaimée forêt de chênes de Schilda ! C'est là que j'ai tissé mes tendres rimes avec le parfum de violettes et le clair de lune.

---

## DE BONNE HEURE

Ce matin, sur le faubourg Saint-Marceau, s'étendait un épais brouillard, brouillard de l'arrière-automne, comparable à une blanche nuit.

Cheminant à travers cette nuit diurne, je vis glisser à côté de moi une figure de femme, semblable à un reflet de la lune.

Oui, elle était l'éclat de la lune, planant légère, tendre, et charmante; jamais ici, en France, je ne vis semblable figure, aérienne et élancée.

Etait-ce peut-être Luna elle-même qui s'était attardée aujourd'hui chez quelque tendre et bel Endymion du quartier Latin ?

En rentrant chez moi je me disais : Pourquoi a-t-elle fui ma présence ? La déesse m'aurait-elle pris pour Phébus, le conducteur du soleil ?

## BERTRAND DE BORN

Un noble orgueil dans tous ses traits, sur son front l'empreinte de la pensée, il put subjuguer tous les cœurs, Bertrand de Born, le troubadour.

Par ses doux accords il apprivoisa la lionne du Plantagenet; la fille aussi et les deux fils, il les attira tous dans ses filets.

Comme il ensorcela le père lui-même ! Sa colère s'écoula en pleurs, quand il l'entendit parler si bien, Bertrand de Born, le troubadour.

---

## PRINTEMPS

Les vagues scintillent et passent, — au printemps c'est si doux d'aimer! Près du ruisseau la chevrière est assise, et tresse de tendres guirlandes.

Tout fleurit et s'épanouit avec de joyeux parfums, — au printemps c'est si doux d'aimer! La chevrière soupire du plus profond de son cœur : « A qui donnerai-je mes guirlandes ? »

Un cavalier chevauche le long de la rivière, — il la salue d'un air si joyeux ! La chevrière, tout émue, le regarde : au loin flotte le panache de son chapeau.

Elle pleure et jette dans l'eau fugitive les belles guirlandes de fleurs; le rossignol chante de baisers et d'amours — au printemps, c'est si doux d'aimer!

---

## ALI BEY

Ali Bey, le héros des croyants, est bercé comme un bienheureux dans des bras de jeunes filles. Allah lui donne déjà sur terre un avant-goût du paradis.

Odalisques belles comme des houris et souples comme des gazelles! L'une frise sa barbe, l'autre lisse son front.

Et la troisième sonne du luth, chante et danse, et le baise en riant sur le cœur, là où couvent les flammes de toutes les félicités.

Mais au dehors, tout à coup éclatent les trompettes; cliquetis d'épées, cris aux armes, et coups de fusils : « Seigneur, les Francs arrivent! »

Et le héros monte son cheval de guerre, et vole au combat, — mais, comme dans un rêve, car il lui semble qu'il est bercé encore dans des bras de jeunes filles.

Tandis que de son sabre il abat par douzaines des

têtes de Francs, il sourit comme un amoureux, doucement et tendrement.

---

## PSYCHÉ

Dans sa main une petite lampe, dans son cœur un immense amour, Psyché se glisse vers la couche où repose le bel endormi.

Elle rougit, elle tremble, en le voyant si beau : le dieu d'amour, ainsi découvert, se réveille et s'enfuit. Pénitence de mille huit cents années! La pauvrette est près d'en mourir : Psyché jeûne et se macère parce qu'elle a vu l'Amour tout nu.

---

## L'INCONNUE

Je sais où chaque jour rencontrer ma belle aux boucles d'or, dans le jardin des Tuileries, sous les marronniers.

Là, chaque jour, elle se promène avec deux laides et vieilles dames. Serait-ce des tantes? serait-ce des dragons travestis en femmes?

Intimidé par la moustache de ses deux gardiennes, bien plus intimidé encore par mon propre cœur,

Je n'ai jamais osé chuchoter en passant le moindre petit mot soupirant, et c'est à peine si j'ai osé trahir ma flamme par mes regards.

Aujourd'hui seulement, j'ai appris son nom : elle s'appelle Laure, comme la belle Provençale que le grand poète aima.

Elle se nomme Laure ! Eh bien, me voilà tout juste aussi avancé qu'autrefois Pétrarque qui a célébré sa belle maîtresse, en canzones et en sonnets.

Elle s'appelle Laure ! Comme Pétrarque, je puis m'enivrer platoniquement de l'harmonie de ce doux nom : il n'est pas allé plus loin que cela.

## CHANGEMENT

J'en ai fini avec les brunettes : je retombe cette année dans les yeux bleus et les cheveux blonds.

La blondine que j'aime est si pieuse, si douce, si suave ! Avec un lis dans la main, ce serait une figure de sainte.

Membres élancés, pleins de passion, peu de chair

et beaucoup d'âme, et toute son âme brûle pour l'amour, l'espoir et la foi.

Elle assure qu'elle n'entend pas un mot d'allemand. Je n'en crois rien : n'aurais-tu vraiment jamais lu le poëme céleste de Klopstock ?

―――

## LA SORCIÈRE

« Avec votre permission, chers voisins, une sorcière, par ses arts magiques, peut se changer en animal pour maltraiter les gens.

» Votre chatte est ma femme : je la reconnais bien, à l'odeur, à l'éclat des prunelles, à son ronron de fileuse, à ses petites pattes qu'elle suçote. »

Le voisin et la voisine s'écrient : « Jürgan, attrape-là ! » Le chien aboie : « Wau ! wau ! » La chatte répond : « Miau ! »

―――

## FORTUNA

Dame Fortune, en vain tu fais la cruelle ! Je sais, à force de lutte, obtenir et emporter ta faveur.

A la fin te voilà vaincu, et je t'attache sous le joug, et tu rends les armes, — mais mes blessures s'ouvrent.

Mon sang rouge s'écoule, et la belle allégresse de la vie s'éteint : je succombe et je meurs après la victoire.

## COMPLAINTE D'UN JEUNE TEUTOMANE

Heureux celui auquel sourit encore la vertu ! Malheur à celui qui la perd ! Pauvre jouvenceau que je suis, les mauvais compagnons m'ont perdu.

Ils m'ont fait perdre mon argent au jeu des cartes et des dés. Les fillettes, avec leurs rires enchanteurs, m'ont consolé.

Et, après m'avoir fait boire jusqu'à être ivre-mort, après avoir déchiré mes habits, pauvre jouvenceau que je suis, elles m'ont jeté à la porte.

Et de grand matin, en m'éveillant, quelle ne fut pas ma surprise ! Me voilà, pauvre jouvenceau, au corps de garde de Cassel !

## RENONCE A MOI

Le jour est épris de la nuit, le printemps de l'hiver, la vie de la mort, — et toi, tu m'aimes !

Tu m'aimes ! Déjà les ombres sinistres t'envahissent, toute ta fleur se fane, et ton âme saigne.

Renonce à moi, et n'aime que les gais papillons qui folâtrent dans la lumière du soleil, — renonce à moi et au malheur !

---

## LA GAGEURE

### (D'après le Danois.)

Sieur Péter et sieur Bender étaient assis à boire. Sieur Bender dit : « Je parie que quand même tes chansons entraîneraient le monde entier, elles n'entraîneraient pourtant jamais dame Mette. »

Sieur Péter dit : « Je parie volontiers mon cheval contre tes chiens, qu'aujourd'hui même, à l'heure de minuit, je ferai venir par mes chants dame Mette en mon manoir. »

Et quand s'approcha l'heure de minuit, sieur

Péter se mit à chanter : ses doux accents se faisaient bien entendre au delà de la rivière, au delà de la forêt.

Les noirs sapins écoutent si attentivement, les flots cessent de bruire, la lune pâle tremble au ciel, les prudentes étoiles regardent.

Dame Mette s'éveille : « Qui chante au pied de ma fenêtre? » Elle endosse ses habits, elle sort : — grand mal il en advint.

A travers la forêt, à travers la rivière, elle chemine sans s'arrêter. Avec ses chants, sieur Péter l'attirait puissamment vers son manoir.

Et, le matin, quand elle revint au logis, sieur Bender se tenait à la porte : « Dame Mette, où es-tu allée cette nuit? Tes vêtements sont tout humides. »

— « J'ai été cette nuit à la rivière des Nixes; là j'ai entendu prophétiser : les fées qui barbotent dans les eaux, pour me chicaner, m'ont ainsi arrosée. »

— « Dans la rivière des Nixes il y a un sable fin, — ce n'est pas là que tu es allée ; tes pieds sont déchirés et sanglants, et tes joues saignent aussi. »

— « J'ai été aujourd'hui dans la forêt des Elfes, pour voir danser les sylphes : je me suis blessé les pieds et le visage aux épines et aux branches des sapins. »

— « Les Elfes dansent, au mois de mai, sur de moelleux champs de fleurs, mais maintenant règne la froide automne, et le vent pleure dans les forêts. ».

— « C'est chez Péter Nillsen que j'ai été cette nuit : il chantait, et par un charme puissant il m'a attiré sans répit à travers la forêt, à travers la rivière.

» Ses chants sont puissants comme la mort ; ils attirent dans la nuit et la ruine ; leurs accents brûlent encore dans mon cœur : je sais que je dois maintenant mourir. »

La porte de l'église est tendue de noir, les cloches funèbres sonnent : cela annonce la mort lamentable de la pauvre dame Mette.

Sieur Bender se tient devant le cercueil, et soupire du fond de son cœur : « Maintenant, j'ai perdu ma belle femme et mes chiens fidèles. »

## MONDE SOUTERRAIN

« Que ne suis-je resté garçon ! » soupire Pluton mille fois : « Marié aujourd'hui, je remarque qu'autrefois sans femme l'enfer n'était pas un enfer.

» Que ne suis-je resté garçon ! Depuis que j'ai Proserpine, chaque jour je voudrais être mort. C'est à peine quand elle gronde si j'entends les abois de mon Cerbère.

» C'est en vain que sans cesse j'aspire à la paix. Ici, dans le royaume des ombres, pas un damné n'est semblable à moi ! J'envie Sisyphe et les nobles Danaïdes. »

---

Sur un siège d'or, dans l'empire des ombres, aux côtés de son royal époux, se tient Proserpine, l'air sombre, et dans son cœur elle soupire tristement :

« Je languis après les roses, après les chants du rossignol et les baisers du soleil : ici, parmi les pâles lémures et les cadavres, je déplore ma jeune vie !

» Je suis solidement rivée au joug conjugal dans ce maudit trou à rats ! Et, la nuit, les spectres regardent à ma fenêtre, et le Styx murmure si lugubrement !

» Aujourd'hui nous avons Caron à dîner (il est chauve et sans mollets), les juges des morts aussi, ennuyeux visages ! Je maigris en semblable société. »

Pendant que ces griefs s'accumulent dans le monde souterrain, Cérès gémit sur la terre. La déesse insensée court sans coiffe et sans fraise, le sein flottant, à travers le pays, déclamant ses plaintes que tous vous connaissez bien :

« Le beau printemps est-il venu ? La terre s'est-elle rajeunie ? Les collines soleillantes verdissent, et l'écorce de la glace éclate. Du bleu miroir des eaux rit un ciel sans nuage, les ailes de Zéphyre battent plus doucement, les jeunes branches poussent des boutons, dans le bocage s'éveillent des chants, et l'Oréade murmure : Tes fleurs reviennent, ta fille ne revient pas.

» Ah ! qu'il y a longtemps que je vais cherchant à travers les campagnes ! Titan, j'ai envoyé tous tes rayons à la recherche de ses traces chéries ! Personne ne m'a rien appris encore de ce bien-aimé visage, et le jour qui trouve toute chose, n'a point trouvé l'égarée. Jupiter, me l'as-tu ravie ? Pluton, touché de ses attraits, l'a-t-il entraînée vers les fleuves noirs de l'Orcus ?

» Qui sera, sur ces tristes rivages, le messager de mon deuil ? Éternellement la barque se détache du bord, mais elle ne reçoit que des ombres. Cette contrée nocturne demeure fermée à tous les yeux, et, depuis si longtemps qu'il coule, le Styx n'a jamais porté une figure vivante. Mille chemins conduisent là-bas, mais aucun ne ramène au jour ; aucun témoin de ses larmes ne revient en parler à la mère inquiète. »

---

« Cérès, ma belle-mère, cesse de te plaindre et d'implorer ! Ta demande, je l'accorde : j'ai moi-même tant souffert !

» Console-toi ! Nous voulons loyalement partager la possession de ta fille, et chaque année, pendant six lunes, elle pourra séjourner dans le monde d'en haut.

» Quand dans les jours d'été, elle te secondera dans tes travaux d'agriculture, elle portera un chapeau de paille, et y attachera des fleurs.

« Quand le crépuscule du soir rougit le ciel, et qu'un rustre de paysan souffle tendrement près d'un ruisseau dans sa flûte pastorale, elle pourra rêver à son aise.

» Elle s'égaiera en dansant, avec Margot et Jean-Jean, les rondes de la fête des moissons ; parmi des niais et des petites oies, elle apparaîtra comme une lionne.

» Doux loisirs ! Pendant ce temps je pourrai respirer en paix dans l'Orcus! Pour oublier mon épouse, je veux me griser de punch et d'eau du Léthé. »

———

— « Parfois il me semble qu'un désir secret trouble ton regard; je la connais bien ta mésaventure : Vie manquée! amour perdu!

» Tu secoues la tête si tristement! Je ne puis te rendre la jeunesse; incurable est la souffrance de ton cœur : amour manqué! Vie perdue! »

# POÉSIES DE CIRCONSTANCE

1839-1840

# ALLEMAGNE

## UN RÊVE (1816)

Fils de la folie, quand ton cœur se gonfle dans ta poitrine, rêve, rêve toujours, mais ne cherche jamais dans la vie l'image de tes songes.

Jadis, dans mes beaux jours, je me trouvais une fois sur la plus haute montagne du Rhin; les plaines de l'Allemagne resplendissaient à l'éclat du soleil.

Au-dessous de moi les vagues murmuraient de douces et enchanteresses mélodies; de doux pressentiments faisaient frisonner mon cœur.

Maintenant, quand j'écoute le chant des vagues, une autre mélodie résonne : le beau rêve est dès longtemps évanoui, dès longtemps la belle folie s'est brisée.

Quand, à présent, de ma montagne j'abaisse mes regards sur le pays d'Allemagne, je n'aperçois qu'un petit peuple de nains rampant sur le tombeau du géant.

Les enfants gâtés s'en vont vêtus de soie, s'appelant la fleur du peuple ; des gredins portent des joyaux d'honneur, de mercenaires se pavanent comme des seigneurs.

Le peuple en habit allemand n'est qu'une caricature des aïeux, car l'ancien costume rappelle douloureusement les temps anciens.

Où les mœurs et la vertu marchaient sans faite de compagnie, où la jeunesse, avec une crainte respectueuse, se levait devant les vieillards ;

Où pas un jeune homme ne trompait une jeune fille avec des soupirs à la mode, où nul despote ingénieux ne mettait le parjure en système ;

Où une poignée de main valait plus qu'un serment et un acte notarié, où dans l'armure il y avait un homme, et dans l'homme un cœur.

Les plates-bandes de nos jardins sont remplies de mille fleurs merveilleusement belles qui prospèrent dans le sol bienfaisant, doucement caressées des rayons du soleil.

Mais la plus belle de toutes les fleurs ne fleurit jamais dans nos jardins, elle qui, autrefois, prospérait même sur un roc aride.

Elle que, des hommes à la main de fer cultivaient dans les froids donjons des montagnes, comme la meilleure de toutes les fleurs on l'appelle l'hospitalité.

Pèlerin fatigué, ne monte jamais vers le haut castel : au lieu de la chambre chaude et hospitalière, des murs froids te recevront.

Du haut de la tour de garde, aucun guetteur ne sonne du cor, aucun pont-levis ne s'abaisse, car le burgrave et le guetteur sommeillent depuis longtemps dans le froid sépulcre.

Les tendres châtelaines reposent aussi dans les sombres cercueils, et vraiment ces reliquaires renferment des trésors plus précieux que perles et or.

Il semble que l'air y frissonne secrètement comme un souffle venu des Minnesinger, car, dans ces saints caveaux, la poésie pieuse de l'amour est aussi descendue.

J'estime fort, il est vrai, nos dames d'aujourd'hui, car elles resplendissent comme le mois de mai ; elles aiment aussi et cultivent assidûment la danse, la broderie, la peinture.

Elles chantent aussi, en doux refrains, l'amour et la fidélité d'autrefois, mais doutent en secret de la réalité de ces contes.

Autrefois nos mères reconnaissaient sagement, et

comme il sied à des femmes simples, que l'homme ne porte que dans son cœur le plus beau des diamants.

Leurs fillettes avisées ne sont plus frappées à la même marque, car les femmes de nos jours aiment aussi les pierreries.

Superstition, fraude et mensonge règnent! Vie sans charme! L'avarice du Romain a falsifié la belle perle du Jourdain.

Fuyez, images de jours plus beaux, rentrez dans votre nuit; n'éveillez plus d'inutiles plaintes contre le temps mauvais où nous sommes.

## ADAM I<sup>er</sup>

Tu envoyas le gendarme céleste avec son glaive flamboyant, et tu me chassas du paradis, absolument sans droits ni merci.

Je pars avec ma femme pour d'autres pays de la terre, — mais j'ai goûté le fruit de la science : tu n'y saurais rien changer.

Tu ne peux empêcher que je ne sache combien tu es petit, quelque importance que tu te donnes encore par la mort et le tonnerre.

O combien ce *Consilium abeundi* est chose pitoyable !
Comment ne pas t'appeler un *Magnificus* du monde,
un *Lumen mundi* ?

Jamais je ne regretterai les plaines paradisiaques :
ce n'était pas là un vrai paradis ; puisqu'il s'y trouvait
des arbres défendus.

Je veux mon plein droit de liberté : là où je rencontre la moindre contrainte, le paradis se change
pour moi en enfer et prison.

---

## AVERTISSEMENT

Tu fais imprimer de semblables livres ; cher ami,—
tu es perdu : si tu veux avoir honneur et chevance, il
faut que tu te tiennes bien coi.

Jamais je ne t'aurais conseillé de parler ainsi devant
le peuple, de parler ainsi des prêtres et des hauts potentats.

Cher ami, tu es perdu ! Les princes ont de longs
bras, les prêtres ont de longues langues, et le peuple,
le peuple a de longues oreilles.

## A UN ANCIEN GOETHOLATRE

(1832)

As-tu pu réellement t'élever au-dessus de l'atmosphère vaporeuse et glacée, dont le vieillard de Weimar, l'habile artiste, t'avait si bien enveloppé ?

Le commerce de sa petite Claire, de sa petite Marguerite, ne te suffit-il plus ? Les pudiques filles de Serlos, et les affinités électives d'Ottilie, te mettent-elles vraiment en fuite ?

Tu ne veux donc plus servir que l'Allemagne ! Tu ne veux plus rien avoir à faire avec Mignon, et tu aspires à plus de liberté encore que tu n'en as trouvé chez Philine ?

Tu combats pour la souveraineté du peuple de Lunebourg, et tu poursuis par de fières paroles la rude confédération des despotes !

J'apprends avec joie, à l'étranger, combien tout retentit de tes louanges, et comme te voilà devenu le Mirabeau de la lande de Lunebourg !

## SECRET

Nous ne soupirons pas, notre œil reste sec; nous ne soupirons pas, et nous rions même : dans aucun regard, dans aucun geste, ne se trahit notre secret.

Il est enseveli avec ses muettes souffrances dans les profondeurs saignantes de notre âme; même lorsqu'il parle dans notre cœur, la bouche convulsivement fermée.

Demande au nourrisson dans son berceau, demande aux morts dans la tombe! Peut-être ceux-là te découvriront-ils ce que je t'ai toujours caché.

---

## DÉGÉNÉRATION

La nature aussi s'est-elle détériorée, et prend-elle les défauts de l'homme? Il me semble que plantes et animaux mentent aujourd'hui comme chacun.

Je ne crois plus à la pudeur des lis ; le papillon, fat bigarré, muguette autour d'eux; il les baise, et s'envole à la fin avec leur innocence.

Je ne fais pas grand compte de la modestie des

violettes. La petite fleur attire avec ses parfums coquets, et, secrètement, elle a soif de gloire.

Je doute aussi que le rossignol éprouve réellement ce qu'il chante; il exagère, il sanglote, et tirilise, par pure routine, j'en suis sûr.

La vérité s'en va de la terre; c'en est fait aussi de la constance. Les chiens frétillent encore, et sentent mauvais comme autrefois, mais ils ne sont plus fidèles.

---

## LE NOUVEL HOPITAL ISRAÉLITE

### A HAMBOURG

Un hôpital pour de pauvres juifs malades, pour des êtres humains, hommes trois fois malheureux, atteints de trois maladies malignes, la pauvreté, la maladie, et le judaïsme!

La dernière est la plus terrible, le mal de famille millénaire, le fléau rapporté de la vallée du Nil, la foi malsaine de la vieille Égypte.

Mal incurable et profond! Rien n'y peut, ni douches ni bains de vapeurs, ni appareils de chirurgie, ni tous les médicaments que cette maison offre à ses hôtes souffrants.

Le temps, le dieu éternel, extirpera-t-il un jour ce secret qui se transmet du père à l'enfant? Le petit-fils pourra-t-il une fois guérir, être raisonnable, et heureux?

Je l'ignore. Mais, en attendant, nous voulons célébrer ce noble cœur qui a cherché, avec une généreuse sagesse, à adoucir ce qui peut être adouci, en répandant quelque baume dans les blessures d'aujourd'hui.

Homme bien-aimé! Il construisit ici un refuge pour les souffrances que peut guérir l'art du médecin (ou celui de la mort), il pourvut aux fauteuils de malades, aux breuvages fortifiants, aux soins attentifs, et aux veilles.

Homme d'action, il fit ce qu'il était possible de faire : au soir de sa vie, il donna pour de bonnes œuvres le salaire de sa journée, se reposant de son travail par la bienfaisance et l'humanité.

Il donna généreusement, — mais une plus riche offrande s'échappait parfois de ses yeux, une larme, larme précieuse qu'il pleurait sur la grande maladie, la maladie incurable de ses frères.

## A GEORGE HERWEGH

Herwegh, alouette intrépide, tu t'élèves, avec de joyeux fredons, juqu'à la sainte lumière du soleil! L'hiver est-il réellement passé? L'Allemagne est-elle vraiment dans la fleur du printemps?

Herwegh, alouette intrépide, tu t'es élancée si loin dans les hauteurs célestes, que tu as perdu de vue la terre. — Le printemps que tu chantes ne vit que dans tes Lieder.

---

## AU MÊME

### A SON EXPULSION DE PRUSSE

Mon Allemagne buvait rasades sur rasades, et toi tu crus aux toasts! Tu crus aussi aux têtes de pipes patriotiques, et aux flocs noir, rouge et or.

Mais quand la douce ivresse se dissipa, cher ami, tu ne fus pas peu surpris : le peuple qui s'était si bien grisé hier, était fort mal en point le lendemain.

Un essaim de valets insolents à tes trousses, des

pommes pourries au lieu de couronnes, à chacun de tes côtés un gendarme, tu atteignis enfin la frontière.

Là, tu t'arrêtas. La douleur te saisit à l'aspect de ces poteaux rayés comme le zèbre, et des soupirs s'échappent de ton âme.

« Aranjuez, dans tes sables, oh! comme ont passé vite les beaux jours où je me tenais devant le roi Philippe, et ses grands de l'Uckermarche!

» Il m'a donné des signes de sa bienveillance, tandis que je faisais le marquis de Posa : mes vers l'ont charmé, mais ma prose lui a déplu. »

---

## LA TENDANCE

Poëte allemand, chante et célèbre la liberté, si bien que tes accents s'emparent de notre âme, et nous enthousiasment pour l'action, à la façon de l'hymne marseillaise.

Ne roucoule plus comme un Werther qui ne brûle que pour sa Charlotte : il faut que tu dises à ton peuple quelle heure la cloche a sonnée; parle poignards! parle glaives!

Ne sois plus la flûte langoureuse, ne sois plus l'âme

idyllique ! Sois la trompette de la patrie, sois un canon de gros calibre, souffle, écrase, tonne, tue !

Souffle, écrase, tonne chaque jour, jusqu'à ce que le dernier oppresseur disparaisse ! Ne chante que dans cette direction, mais que ta poésie se tienne autant que possible dans les généralités.

---

## L'ENFANT

Le Seigneur l'a donné dans un songe : tu ne sais comment cela t'est arrivé. Un enfant te vient, et tu t'en aperçois à peine, vierge Allemagne !

Un garçonnet se détache de ton cordon ombilical : ce sera un plus fameux tireur encore que le dieu amour.

Il atteindra un jour, au plus haut des cieux, l'aigle au vol le plus fier ; sa bonne flèche atteindra même celui qui a deux têtes.

Mais il ne faut pas que, comme le dieu d'amour, l'aveugle païen, il se montre sans culotte, sans habit ni pantalon.

Chez nous, la température, la morale, et la police exigent expressément que jeunes et vieux soient décemment vêtus.

## PROMESSE

Tu ne dois plus trotter pieds nus, liberté allemande, à travers les marécages; il faut que tu finisses par avoir des bas, il faut même que tu aies des bottes.

Sur la tête il faut que tu portes un chaud bonnet de peau de mouton qui te protège les oreilles dans les jours froids d'hiver.

Tu auras même à manger; un grand avenir t'attend : seulement ne laisse pas le satyre welche t'entraîner dans des excès.

Ne deviens pas plus hardie chaque jour, n'oublie pas le respect pour les autorités supérieures et pour monsieur le bourgmestre.

---

## LE NOUVEL ALEXANDRE

Il y a un roi de Thulé, qui boit du vin de Champagne; il n'est rien qu'il aime autant, et, quand il boit son vin de Champagne, les larmes lui viennent aux yeux.

Ses chevaliers siègent autour de lui, l'école historique tout entière; mais sa langue devient lourde, le roi de Thulé bégaie :

« Lorsqu'Alexandre, le héros grec, avec sa poignée de soldats, eut subjugué le monde entier, alors il se livra à la boisson.

» La guerre et les batailles qu'il avait livrées, l'avaient si fort altéré! Il se grisait à mort après la victoire : il ne pouvait pas supporter beaucoup.

» Mais moi je suis un homme plus solide, et j'ai mieux arrangé les choses : je commence comme l'autre a fini, je commence par le boire.

» Plus tard, dans l'ivresse, la carrière héroïque me réussira beaucoup mieux : alors, chancelant de cruche en cruche, je conquerrai tout l'univers. »

Il est là qui bavarde, la langue pesante, le nouvel Alexandre, et il développe comme suit le plan de la conquête du monde :

« La Lorraine et l'Alsace, je le sais dès longtemps, nous viendront d'elles-mêmes. L'étalon finit toujours par suivre la cavale, les veaux viennent après la vache.

» La Champagne m'attire, le pays de la promesse, où mûrissent les raisins qu'illuminent notre entendement, et nous adoucissent la vie.

» Là éclatera mon courage guerrier, là doit commencer la campagne : les bouchons sautent, le sang blanc ruissellera des flacons.

» Ici mon jeune héroïsme moussera jusqu'aux étoiles! Mais je poursuivrai ma carrière de gloire, je marcherai sur Paris.

» Là je ferai halte à la barrière, car hors barrière on ne paie point d'octroi pour le vin d'aucune espèce. »

---

## CHANTS DE LOUANGE DU ROI LOUIS

C'est le roi Louis de Bavière, — il en est peu tels que lui : en lui le peuple des Bavares honore le roi né de sa race, et qui balbutie comme lui.

Il aime l'art, et fait portraire les plus belles femmes : comme un eunuque de l'art, il se promène dans ce sérail en peinture.

A Ratisbonne il fait bâtir un ossuaire de marbre, et, de sa main royale, il a confectionné lui-même pour chaque tête une étiquette.

*Les hôtes du Wallhalla*, un chef-d'œuvre où il a célébré le mérite, le caractère et les actions de chaque homme, depuis Teut jusqu'à Schinderhannes.

Luther seul, la tête quarrée, manque dans le Wallhalla, et le chiffon du Wallhalla n'en dit mot : dans les musées d'histoire naturelle, la baleine manque souvent parmi les poissons.

Sire Louis est un grand poète ; quand il chante, Apollon se jette à ses genoux, et prie et l'implore : « Arrête ! ou je deviens fou ! »

Sire Louis est un vaillant, comme Othon, son petit garçon, qui a pris la diarrhée à Athènes, et a sali son petit trône.

Un jour, quand mourra sire Louis, le Saint-Père à Rome le canonisera : l'auréole sied à un tel visage, comme des manchettes à notre matou.

Du moment que les singes et les kangourous se convertiront au christianisme, ils révèreront assurément saint Louis comme leur patron.

---

Sire Louis de Bavière se disait à lui-même en soupirant : « L'été s'en va, l'hiver s'approche, les feuilles jaunissent toujours plus,

» Le Schelling et le Cornélius peuvent partir d'ici : la raison de l'un s'est éteinte dans sa tête, l'autre est à bout d'imagination.

» Mais qu'on m'ait filouté la plus précieuse perle de ma couronne, qu'on m'ait enlevé mon maître de gymnastique, la perle des hommes, le Massmann,

» Voilà ce qui m'accable, ce qui a navré mon âme! Maintenant, il me manque l'homme qui, dans son art, avait grimpé au plus haut mât.

» Je ne vois plus ses courtes petites jambes, je ne vois plus son nez camard : comme un pieux et bon barbet, il faisait si bravement et gaiement ses culbutes sur le gazon !

» Le grand patriote, il ne comprenait que le vieux allemand de Zeune et de Jacob Grimm : les mots étrangers lui restèrent toujours étrangers, surtout le grec et le latin.

» Cœur patriote, il n'a jamais bu que du café de glands; il mangeait des Français et du fromage de Limbourg; il vantait ce dernier.

» O beau-frère, beau-frère, rends-moi le Massmann, car, parmi les visages, le sien était ce que je suis moi-même comme poète parmi les poètes.

» O beau-frère, tu peux garder le Cornelius, le Schelling aussi (quant au Rückert, il va sans dire que je ne le réclame pas), pourvu que le Massmann me revienne ! »

A Munich, dans la chapelle du château, il y a une belle madone : elle porte dans ses bras son petit Jésus, la joie de la terre et du ciel.

Lorsque Louis de Bavière aperçut la sainte image, alors il s'agenouilla dévotement, et bégaya dans un saint transport :

« Marie, reine du ciel, princesse sans souillure, des saints composent ta cour, et tes serviteurs sont des anges,

» Des pages ailés te servent, ils tressent des fleurs et des rubans dans tes cheveux d'or ; ils portent la queue de ta robe.

» Marie, pure étoile du matin, lis sans tache, tu as accompli tant de miracles, tant de miracles pieux,

» Oh, de la source de tes grâces, laisse aussi couler une gouttelette : donne-moi un signe de ta faveur bénie ! »

La mère de Dieu s'émeut aussitôt, sa petite bouche remue visiblement, elle secoue la tête avec impatience et dit à son petit enfant :

« Il est heureux que je te porte sur le bras, et non plus dans mon sein ; il est heureux que je n'aie plus à craindre d'avoir l'imagination frappée.

» Si j'avais aperçu, pendant ma grossesse, ce

maître fou si laid, à coup sûr, au lieu d'un dieu, j'aurais donné le jour à un avorton. »

---

## LE CONSEILLER ECCLÉSIASTIQUE PROMÉTHÉE

Chevalier Paulus, noble voleur, les dieux, le front sourcilleux et sombre, te regardent, et la colère suprême te menace.

Si la maréchaussée de Jupiter met la main sur toi à cause du larcin que tu as commis dans l'Olympe, crains le sort de Prométhée.

Sans doute Prométhée a volé quelque chose de pire encore, il a ravi la lumière, la flamme céleste pour éclairer l'humanité : toi, tu n'as volé que les cahiers de Schelling.

C'est précisément le contraire de la lumière, c'est-à-dire une obscurité palpable, et qu'on peut prendre dans la main, comme celle qui pesa une fois sur l'Égypte.

## AU CRIEUR DE NUIT[1]

Pourvu que ton cœur et ton style ne se gâtent pas, tu peux jouer tous les rôles que tu voudras ; dussé-je même t'appeler : « Monsieur le conseiller aulique, » — mon ami, je ne te renierai jamais.

On fait maintenant un grand vacarme à propos de cette trahison aulique : des bords de la Seine jusqu'à l'Elbe, voici bien des lunes que j'entends la même chanson.

Tes jambes de progrès se seraient-elles changées en jambes de réaction ? Parle ! Chevauches-tu réellement sur des écrevisses souabes ? Fais-tu les yeux doux à des concubines princières ?

Peut-être es-tu fatigué, et languis-tu de sommeil : pendant toute la nuit tu as si bravement soufflé dans ta trompe ! Maintenant tu mets l'instrument au clou en disant : « Corne qui voudra pour la canaille allemande ! »

Tu te mets au lit, tu fermes les yeux, — mais on ne te laisse pas tranquille. Sous ta fenêtre, les braillards

---

1. Voyez au volume : *Poëmes et légendes*, Paris. Lévy, 1865, dans les *Feuilles volantes*, le morceau intitulé : *A l'occasion de l'arrivée d'un ami* (Dingelstedt, l'auteur des *Chants d'un crieur de nuit cosmopolite*).

crient d'une voix moqueuse : « Tu dors, Brutus ; réveille-toi, libérateur ! »

Hélas ! ces braillards ne savent pas pourquoi le meilleur crieur de nuit finit par se taire : de jeunes fier-à-bras de cette espèce ne peuvent même comprendre que l'homme finisse par n'avoir plus de voix.

Tu me demandes comment nous allons ici? Tout est tranquille; pas le plus petit vent ne souffle; les girouettes sont fort embarrassées, et ne savent où se tourner.

---

## MONDE SENS DESSUS DESSOUS

Le monde est renversé, nous marchons sur la tête, ce sont les bécasses qui tuent les chasseurs à la douzaine.

Les veaux maintenant rôtissent le cuisinier, les chevaux montent les hommes, le hibou catholique combat pour la liberté de l'enseignement, et les droits de la lumière.

Le hareng[1] devient un sans-culotte, Bettina nous

---

[1]. Häring (le hareng) est le nom véritable de l'écrivain connu sous celui de Wilibald Alexis.

dit la vérité, et un chat-botté met Sophocle sur la scène.

Un singe fait bâtir un Panthéon pour les héros allemands; les journaux annoncent que Massmann s'est peigné récemment.

Les ours germaniques ne croient plus et se font athées; les perroquets français, en échange, deviennent de bons chrétiens.

C'est dans le Moniteur de l'Uckermarche que la folie est allée le plus loin. Là un mort a écrit pour un vivant la plus sotte épitaphe.

Frères, ne cherchons pas à remonter le courant : cela sert à peu de chose. Montons plutôt sur la montagne de Templow, et crions : « Vive le roi ! »

---

## FIAT LUX !

Michel, les écailles te tombent-elles des yeux ? T'aperçois-tu maintenant que l'on escamote à ta barbe les meilleurs morceaux ?

Pour te dédommager, on t'a promis les joies pures et glorieuses du ciel, là-haut où les anges cuisinent sans viande la félicité.

Michel, ta foi devient-elle plus faible, où ton appétit plus énergique ? Tu saisis la coupe de la vie, et tu entonnes un chant de guerre !

Michel, ne crains rien, et réconforte déjà ici-bas ta bedaine : plus tard nous sommes couchés dans la fosse, où tu pourras digérer tranquillement.

## L'ALLEMAGNE

L'Allemagne est encore un petit enfant; pourtant le soleil est son père nourricier ; il ne le repaît pas d'un lait paisible, mais de flammes impétueuses.

Avec semblable nourriture, on croît vite, et le sang bout dans les veines. Vous autres, enfants du voisinage, gardez-vous de querelles avec le jeune gars.

C'est un terrible petit géant; il est capable d'arracher du sol un chêne, et ainsi armé, de vous mettre le dos tout en sang, et la tête en capilotade.

Il ressemble à Siegfried, le noble jeune homme dont nous chantons et disons qu'après avoir forgé son glaive, il en fendit l'enclume en deux.

Oui, tu seras un jour tel que Siegfried, et tu tueras

l'affreux dragon : hurrah ! comme ton père nourricier rira joyeusement du haut du ciel !

Tu le tueras, et tu possèderas son repaire, et les joyaux de l'empire : hurrah ! comme la couronne d'or brillera sur ta tête !

## ATTENDEZ SEULEMENT !

Parce que je brille si bien, vous croyez que je ne saurais pas tonner ? Vous vous trompez fort : le talent de tonner ne m'est point étranger non plus.

Il se manifestera d'une façon terrible quand le jour sera venu : alors vous entendrez ma voix, la parole tonnante, le coup de foudre !

L'ouragan, ce jour-là, brisera bien des chênes ; maint palais tremblera, maint clocher s'écroulera.

## SUR LE HARTZ[1]

Me revoici sur la montagne, au milieu des vieux sapins géants où l'armée des Lieder éternels a passé un jour, bruyante comme une chasse sauvage.

Ici j'ai songé encore une fois les vieux songes, douleurs de la foi, bonheur de l'amour; j'ai remis le pied dans les espaces vides de la folie d'autrefois.

Mais de la forteresse de ma foi, naguère aussi fière que le fort de l'empereur Henri, il en reste autant de débris vermoulus et usés par le temps.

Mais aimer! aimer! j'en suis encore très fort capable; là bas, à Paris, j'ai appris à le faire de quarante manières.

———

En haut de la montagne des Sasses, je regardais en bas des sables allemands que depuis si longtemps j'ai quittés, — pauvre pays abandonné!

Je t'aurais volontiers pris avec moi dans ma poche,

---

1. Écrit par Heine, lors de son dernier voyage en Allemagne, dans l'Album de l'hôtellerie du Burgberg, près Harzburg, et daté du 1ᵉʳ septembre 1844.

afin de t'apprendre un peu de meilleures manières à Paris.

Tu n'es rien que patient ; rien ne t'est facile que d'attendre : quand tu reçois la bastonnade, tu te sens coupable avec volupté.

Je n'avais pas fini encore, qu'il se fit un bruit dans la forêt, et, me tournant, je vis une gigantesque figure nue.

La barbe et les sourcils hérissés, brandissant un sapin, comme on en peut voir sur maint écu d'armes.

Il criait : « Pauvre hère, tout pâle de péchés, avec ta sagesse raffinée, tant ira la cruche à la fontaine qu'enfin elle se brisera.

» Pour moi la sève de la vie est dix fois plus féconde, le champ de combat plus large, et la force plus persistante,

» Que chez ton peuple évaporé qui jamais n'atteint son but, et montre fièrement comme son plus récent progrès le cancan et la polka ;

» Peuple auquel, avant tout, manque la virilité, tapageur comme un écolier, et qui ne peut plaire qu'à ceux qui restent éternellement enfants.

» Mais moi, dans ma forêt, je garde le sanctuaire de la Germanie : bientôt pour moi les temps seront mûrs, je ne me laisse pas éblouir par un vertige. » —

A ces mots, il me frappa lourdement sur l'épaule : je n'aime pas ces marques d'amitié.

Esprit protecteur du pays d'Allemagne, c'est à cela qu'on vous reconnaît tout de suite, au manque de vêtements, et à la grossièreté.

Êtes-vous toujours tourmentés, continuai-je, par l'illusion folle que vous auriez fait sur l'échelle un pas de plus?

Tu ne peux pas te priver d'un grain de ta cuistrerie ; ton unique gloire est toujours de savoir à fond, et par le menu, ce qui est inutile.

Pauvre pédant! Ordonnances et lois, épreuves légales, *examina* sans nombre, retiennent au nid ta saine raison d'homme.

L'armée des employés te mène à la corde comme un agneau de sacrifice ; ils se donnent une peine de damnés pour le salut de ton âme.

Oui, pour la pureté de ta foi, et le repos de ta conscience, tes princes se sont déchirés entre eux, et sont prêts à le faire encore.

Aussi longtemps qu'ils eurent besoin de toi, ils te parlèrent au *futurum*, avec le ton le plus doux ; maintenant qu'ils t'ont courbé et muselé, ils te parlent au participe.

Paroles et chansons, ce qui n'empêche pas que les démagogues ne voyagent toujours accompagnés de deux gendarmes.

Comme toujours, ils te fardent encore le droit et la vérité; comme toujours l'Allemagne s'insurge à Munich pour la question de la bière.

On adresse encore, plein de confiance, des protestation à la Diète; toujours le bruit court qu'on a vu des ours blancs dans le Hanovre.

Toujours, pendant la nuit, la cadenette d'autrefois te repousse; toujours tu te laisses mépriser à l'étranger comme un imbécile.

Toujours on s'en va, par multitude, en pèlerinage à la camisole sans coutures de Cologne, — et toujours on édite chez Basson du chou-blanc non lavé. —

— Ainsi dis-je, et le vieux grommela plein de colère, fronçant le sourcil et grondant; sa barbe bruissait.

Il éleva les mains avec menaces, et rentra en hâte dans sa forêt : — il ressemblait en ce moment au régicide Tschech.

## NOTRE MARINE

### CHANT NAUTIQUE

Nous avons dernièrement rêvé de flotte, et déjà nous cinglions au large sur la mer profonde; le vent était des plus favorables.

Nous avions déjà donné à nos frégates les noms les plus fiers : l'une s'appelait Prutz, l'autre Hoffmann de Fallersleben.

Là flottait le cutter Freiligrath, portant à sa proue le buste du roi more qui « saluait comme une lune » (une lune noire s'entend).

Là se pressaient le Gustave-Schwab, le Pfizer, le Koelle, le Mayer; sur chacun d'eux était un visage de souabe, avec une lyre de bois.

Là flottait la Birch-Pfeiffer, une cornette portant à son foc les armes de l'Amirauté allemande sur des guenilles noir-rouge et or.

Nous grimpions hardiment sur les cordages et les vergues, et nous nous démenions comme des matelots, en jaquette courte, chapeau goudronné et large pantalon blanc.

Plus d'un qui, jusque-là, en mari bien élevé, n'avait jamais bu que du thé, se gorgeait maintenant de rhum, et chiquait du tabac, et sacrait comme un marin.

Beaucoup prirent le mal de mer, et, sur le Fallersleben, le vieux brûlot, plus d'un vomit sans façon.

Nous rêvions si bien ! Déjà nous avions quasi gagné une bataille navale; mais quand le soleil du matin parut, rêve et flotte s'évanouirent.

Nous étions là, étendus dans notre lit domestique... Alors nous nous sommes frotté les yeux, et nous avons dit en bâillant :

« La terre est ronde. A quoi bon, après tout, se faire balancer par la vague oisive? Le navigateur qui fait le tour du monde finit par revenir à la même place. »

# HISTOIRES

« Si l'on est perfide envers toi, eh bien ! sois d'autant plus perfide ! Ton âme est-elle troublée jusqu'à la mort? Alors, prends ta lyre. »

« Les cordes résonnent : chant héroïque et plein de flammes ! Ta colère se fond ; ton âme saignera doucement. »

# LE FRIPON DE BERGEN

Dans le château de Dusseldorf sur le Rhin, on joue une grande mascarade : les bougies resplendissent, la musique résonne, les figures bigarrées sautillent.

La belle duchesse danse aussi ; elle ne cesse de rire tout haut : son danseur est un bon garçon, fort courtois et dégourdi.

Il porte un masque de velours noir, d'où son regard s'échappe joyeux, comme un glaive à demi hors du fourreau.

La folle troupe du mardi gras jubile quand passent les deux valseurs. Drickès et Marizzébill[1] saluent avec des éclats de crécelle et des claquements de fouets.

Et les trompettes sonnent à grand bruit, la guimbarde folâtre bourdonne, jusqu'à ce qu'enfin la danse cesse et la musique se tait.

1. Masques de carnaval de Cologne.

« Sérénissime dame, permettez-moi de m'en aller à la maison. » — La duchesse rit : « Je ne te lâche pas que te n'aie vu ton visage. »

» Sérénissime dame, donnez-moi congé, ma figure apporte l'horreur et l'effroi. » La duchesse rit encore : « Je n'ai pas peur, dit-elle, — ton visage ! vite, il faut que je le voie ! »

» Sérénissime dame, laissez-moi partir, j'appartiens à la nuit et à la mort. » La duchesse rit de plus belle : « Je ne te quitte pas ; je veux te voir face à face. »

En vain résista l'homme au sinistre langage, il ne put convaincre la dame, qui finit par lui arracher le masque du visage.

« C'est le bourreau de Bergen ! » s'écria la foule avec horreur, en s'écartant pleine d'effroi : la duchesse se précipite près de son époux,

Le duc est avisé ; il effaça sur-le-champ la honte de son épouse, et tirant son épée étincelante : « A genoux devant moi, compagnon ! » dit-il.

« D'un coup de cette épée, je te fais homme d'honneur et chevalier, et, puisque tu es un fripon, on t'appellera désormais le sire Fripon de Bergen. »

Ainsi le bourreau devint un gentilhomme et l'aïeul des Fripons de Bergen, noble souche qui fleurit autrefois sur le Rhin, et dort maintenant dans des cercueils de pierre.

---

## CHANT DES WALKIRIES

Là-bas c'est la bataille. Mais là-haut apparaissaient dans l'air, montées sur des coursiers de nuages, trois Walkiries, et leur chant résonnait au cliquetis des boucliers :

« Les princes se querellent, les peuples sont en guerre : chacun veut conquérir la puissance; commander est le bien suprême, et la suprême vertu c'est le courage.

» Heisa! Nul orgueilleux cimier de fer ne peut garantir de la mort; le sang des héros coule, et c'est le méchant qui l'emporte.

» Couronnes de lauriers! Arcs de triomphe! Demain il fera son entrée solennelle, celui qui a vaincu les meilleurs, et conquis gens et pays.

» Sénateurs et bourgmestres vont au devant du triomphateur, lui présentent les clés, et le cortège passe bruyamment sous la porte de la ville.

» Quels éclats de mortiers sur les remparts! Cornets

et trompes résonnent, le vacarme des cloches emplit l'air, et le peuple crie : Vivat !

» De belles femmes souriantes sont debout sur les balcons ; elles jettent des couronnes de fleurs au victorieux qui salue avec une calme fierté. »

---

## LE LIBÉRATEUR

Tu triomphes, Plantagenet ! Parce que tes valets ont découvert un tombeau qui porte le nom d'*Arthur*, tu crois nous avoir ravi notre dernière espérance,

Arthur n'est pas mort, le cercueil de pierre ne recèle pas son corps ; moi-même, il y a peu de jours, je l'ai vu chasser en personne dans la forêt.

Il portait un habit de velours vert, sa bouche souriait, son œil jetait des flammes : il arrivait avec ses compagnons de chasse, tous montés sur de fiers chevaux.

Comme son cor de chasse puissamment résonne, — trara — trara ! à travers vallée et forêt ! Sons enchantés ! Sons merveilleux ! Les fils de la Cornouaille les comprennent bien !

Ces sons veulent dire : Le temps n'est pas encore

venu, mais bientôt il viendra, — trara, — trara! Et le roi Arthur, avec ses fidèles, chassera les Normands du pays.

## MARIE-ANTOINETTE

Comme les glaces des fenêtres brillent gaiment au château des Tuileries, et pourtant, là, reviennent en plein jour les spectres d'autrefois.

Marie-Antoinette reparaît dans le pavillon de Flore; le matin, elle tient son lever avec une étiquette sévère.

Dames de cour en toilette. La plupart sont debout, d'autres assises sur des tabourets, en robes de satin et de brocart d'or, garnies de joyaux et de dentelles.

Leur taille est fine, les jupes à paniers bouffent, et dessous regardent si finement les mignons petits pieds à hauts talons : ah! si seulement elles avaient des têtes!

Mais pas une n'a la sienne; la reine elle-même n'en a pas, et c'est pourquoi Sa Majesté n'est pas frisée.

Oui, celle qui, avec sa coiffure haute comme une tour, pouvait se comporter si orgueilleusement, la fille de Marie-Thérèse, la petite fille des Césars allemands,

Il faut maintenant qu'elle revienne sans frisure et sans tête, au milieu de nobles dames non frisées, et sans têtes également.

Voilà les suites de la révolution et de ses maudites doctrines. Toute la faute est à J.-J. Rousseau, à Voltaire et à la guillotine.

Mais, chose étrange! Je crois presque que les pauvres créatures ne s'aperçoivent pas qu'elles sont mortes, et qu'elles ont perdu la tête.

Tout ce monde se trémousse absolument comme autrefois : quelle fade importance se donne cette valetaille! Les révérences sans tête font frissonner et rire tout ensemble.

La première dame d'atours s'incline et présente une chemise de linon, la seconde la tend à la reine, et toutes deux se retirent avec une révérence.

La troisième et la quatrième dames s'inclinent et s'agenouillent devant Sa Majesté pour lui passer ses bas.

Une demoiselle d'honneur arrive et s'incline en apportant le déshabillé du matin ; une autre demoiselle s'incline et présente la sous-jupe à la reine.

La grande maîtresse de la cour se tient là ; elle rafraîchit avec un éventail sa gorge blanche, et, ne pouvant le faire avec la tête, elle sourit avec le derrière.

A travers les tentures des fenêtres, le soleil glisse de curieux regards, mais en apercevant la scène des spectres, il recule épouvanté.

---

## POMARÉ

Tous les dieux d'amour jubilent dans mon cœur, et sonnent des fanfares, et crient : « Salut à la reine Pomaré! »

Non pas la Pomaré d'Otahiti : celle-là est missionarisée! mais celle dont je parle est sauvage encore, une belle non apprivoisée.

Deux fois la semaine, elle se montre à son peuple au jardin Mabille : là, elle danse le cancan et aussi la polka.

Majesté dans chacun de ses pas; chacun de ses mouvements, charme et grâce; tout son corps une princesse, de la hanche jusqu'au mollet.

Elle danse, et les dieux d'amour sonnent des fanfares dans mon cœur, et s'écrient : « Salut à la reine Pomaré! »

Elle danse. Comme elle balance son petit corps! Comme chaque membre se courbe mignonnement! C'est un frétillement, une voltige à vous faire sortir de votre peau!

Elle danse. Quand elle tourne tourbillonnante sur un pied, et s'arrête tout à coup, les bras tendus, que Dieu protège ma raison!

Elle danse. C'est la même danse que la fille d'Hérodias dansa un jour devant le roi juif Hérode. Son œil jette comme des éclairs de mort.

———

Elle danse à me rendre fou. Je perds la tête. Parle, femme, que faut-il te donner? Tu souris? Holà! trabans! archers! qu'on coupe la tête au baptiseur!

Hier encore, pour gagner son pain, elle se prostituait dans la fange : aujourd'hui, l'orgueilleuse se promène en calèche à quatre chevaux. Elle enfonce sa tête bouclée dans les coussins de soie, et regarde du haut de sa grandeur la foule des gens à pied.

Quand je te vois passer ainsi, mon cœur se serre. Hélas! me dis-je, cette voiture te conduira à l'hôpital où une mort effrayante mettra fin à ta misère, où le carabin avide d'apprendre, de sa main visqueuse et rude, disséquera et anatomisera ton beau corps. — Quant à tes chevaux, l'écorcheur de Montfaucon ne leur fera pas grâce non plus.

———

Le destin qui te menaçait, a pris un meilleur cours : Dieu merci, tu as fini ! Dieu merci, tu es morte.

Dans la mansarde de la pauvre vieille mère, tu es morte, et, d'une main compatissante, elle a fermé tes beaux yeux.

Elle t'a acheté un bon suaire, un cercueil, et même une fosse. Il est vrai que l'enterrement fut un peu maigre et pauvre.

Aucun prêtre ne chanta, aucune cloche ne tinta tristement. Il n'y avait derrière ta bière que ton chien et ton coiffeur.

« Ah ! soupirait celui-ci, j'ai souvent peigné les longs cheveux noirs de la Pomaré, quand elle était assise devant moi en chemise de toilette. »

Quant au chien, il détala déjà à la porte du cimetière : plus tard, il a trouvé sa subsistance chez Rose Pompon ;

Rose Pompon, la Provençale, qui ne peut souffrir

ton nom de reine, et te diffame avec une basse rivalité.

Pauvre reine pour rire, avec ton diadème de boue, te voilà sauvée pour l'éternité. Bonté de Dieu, tu es morte!

Comme la mère, le Père aussi a exercé miséricorde : il l'a fait, je pense, parce que tu as beaucoup aimé.

---

## LE DIEU APOLLON

Sur de hauts rochers est bâti le monastère: le Rhin passe bruyamment à ses pieds. La jeune nonne regarde à la fenêtre grillée, et écoute.

Un esquif passe, fantastiquement éclairé par les rougeurs du soir : il est pavoisé de taffetas bariolé, et couronné de lauriers et de fleurs.

Au milieu de l'esquif est un beau jeune homme aux boucles blondes ; son vêtement de pourpre, brodé d'or, est d'une coupe antique.

A ses pieds sont couchées neuf femmes d'une beauté de marbre; une tunique retroussée enveloppe leurs corps élancés.

Le jeune homme aux boucles d'or chante délicieusement en s'accompagnant de la lyre ; son chant pénètre dans le cœur de la pauvre nonne, et le brûle comme une flamme.

Elle fait le signe de la croix, la pauvre nonne, — puis elle le fait encore ; mais la croix n'exorcise point son doux tourment, ne bannit pas son amer délice.

———

« Je suis le dieu de la musique, honoré en tous pays : mon temple a existé en Grèce, sur le mont Parnasse.

» Sur le mont Parnasse, en Grèce, là souvent j'ai été assis, près de la belle source de Castalie, à l'ombre des cyprès.

» Autour de moi étaient assises, vocalisant, les jeunes filles ; et tout cela chantait et résonnait, — lala — lala ! — Causeries et rires !

» Tout à coup, un cor de chasse, — trara — trara ! éclatait du fond des bois : ma petite sœur, Artémis l'orgueilleuse, chassait là-bas.

» Je ne sais comment cela se faisait : il ne me fallait que boire un coup de l'eau de Castalie, et mes lèvres résonnaient.

» Je chantais, et, comme d'elle-même, ma lyre retentissait enivrante : il me semblait voir Daphné, regardant du fond d'un bosquet de lauriers.

» Je chantais, et les parfums doux comme l'ambroisie s'exhalaient; le monde entier était comme entouré d'une gloire.

» Voilà mille ans et plus que je suis banni et chassé de la Grèce, — et pourtant mon cœur est encore en Grèce, et il y est resté. »

---

En costume de béguine, en manteau et capuce de grosse serge noire, la jeune nonne s'est travestie.

Elle suit, en hâte, le long des bords du Rhin, la grande route qui mène en Hollande, et elle demande à tous ceux qui passent :

« N'avez-vous point vu Apollon? Il porte un manteau rouge, il chante délicieusement et joue de la lyre : c'est ma douce idole. »

Personne ne veut lui répondre; plus d'un lui tourne silencieusement le dos; plus d'un la regarde avec de grands yeux et sourit; plus d'un soupire : « Pauvre enfant! »

Pourtant voici qu'arrive, trottinant le long du chemin, un vieux homme trébuchant. Il fait du doigt des signes dans l'air comme s'il chiffrait, et chantonne à part d'une voix chevrotante.

Il porte une besace pendante, et un petit chapeau à trois cornes ; avec ses petits yeux souriants et avisés, il écoute les paroles de la nonne :

« N'avez-vous pas vu Apollon ? Il porte un manteau rouge, il chante agréablement, et joue de la lyre, et il est ma douce idole. »

Balançant çà et là sa petite tête, et tiraillant drôlement sa petite barbe pointue, celui-ci lui répondit :

« Si, je l'ai vu ?... Oui, assez souvent, à Amsterdam, dans la synagogue allemande.

» Il y était maître-chantre, et s'appelait alors rabbi Faïbisch, ce qui veut dire en haut allemand Phébus-Apollo ; mais il n'est pas mon idole.

» Manteau rouge ? Je connais aussi le manteau rouge. Pur écarlate, du prix de huit florins, l'aune, — il n'est pas encore payé.

» Je connais bien son père, Mosès Zitzcher : il est circonciseur chez les Portugais, et a circoncis même des souverains.

» Sa mère est cousine de mon beau-frère, et elle

trafique, sur la Gracht, des concombres au vinaigre et de vieilles culottes.

» Ils n'ont point de satisfaction avec leur fils. Il joue très bien de la lyre, mais malheureusement mieux encore du tarot et de l'hombre.

» C'est aussi un esprit fort : il a mangé de la viande de porc et perdu sa place, et il rôde dans le pays avec des comédiens fardés.

» Dans les baraques de foire, il jouait Arlequin, Holopherne, le roi David : c'est dans celui-ci qu'il réussissait le mieux ;

» Car il chantait les propres chants du roi dans sa propre et royale langue maternelle, avec des trémolos selon l'ancien style.

» Dernièrement, il a pris quelques donzelles dans le Spielhuis d'Amsterdam, et il vagabonde çà et là, avec ces Muses, comme un Apollon.

» Il y en a une parmi elles qui glapit et grogne à merveille : à cause de sa grande coiffure de lauriers, on l'appelle la truie verte. »

## LES DEUX CHEVALIERS

Crapulinski et Asininski, Polonais de la vieille Pologne, ont combattu pour la liberté contre la tyrannie moscovite.

Ils ont combattu bravement et ont eu enfin la bonne chance de s'échapper à Paris : il est doux de mourir pour la patrie, doux aussi de rester en vie pour elle.

Comme Achille et Patrocle, David et son Jonathan, s'aimaient tendrement les deux Polonais.

Jamais l'un ne trahit l'autre ; ils demeurèrent amis, loyalement, fidèlement, bien qu'ils fussent deux nobles Polonais, Polonais de la vieille Pologne.

Ils habitaient la même mansarde, dormaient dans le même lit ; ils n'étaient qu'un pou et qu'une âme, et se grattaient à l'envie.

Ils mangeaient dans la même gargote, et comme aucun d'eux ne voulait souffrir que l'autre payât pour lui, ils ne payaient ni l'un ni l'autre.

Les deux nobles Polonais ont aussi la même Henriette pour blanchisseuse : une fois le mois, elle arrive en fredonnant pour prendre le linge sale.

Car, réellement, ils ont du linge, chacun d'eux une chemise, bien que ce soient deux nobles Polonais, Polonais de la vieille Pologne.

Aujourd'hui, ils sont au coin de la cheminée où les flammes ondoient gaiement : au dehors la nuit, des tourbillons de neige, et le roulement des fiacres.

Ils ont déjà englouti un grand bol de punch (sans citron, sans sucre, et sans eau, cela va sans dire); leur âme se prend à être triste, leur visage s'humecte de larmes, et Crapulinski parle ainsi :

« Ah! si j'avais seulement ici, à Paris, ma peau d'ours, ma robe de chambre, et mon bonnet de nuit en peau de chat, qui sont restés dans la patrie! »

Asininski lui réplique : « Oh! tu es un fidèle petit hobereau; tu ne rêves que le pays, peau d'ours et bonnet de peau de chat.

» La Pologne n'est pas perdue encore : nos femmes enfantent, nos jeunes filles en font autant; elles nous donneront des héros.

» Des héros comme le héros Sobieski, comme Gredinski et Escrokewitsch, et le grand Kanaillowski. »

## LE VEAU D'OR

Doubles flûtes, violes et cornets jouent pour la danse de l'idole, et les filles de Jacob tournoient autour du veau d'or : brum — brum, — brum, — éclats de timbale et éclats de rire!

Retroussées jusqu'aux reins, et se tenant par la main, les filles des plus nobles familles dansent, autour du bœuf, la ronde tourbillonnante : éclats de timbale et éclats de rire!

Aaron lui-même est entraîné par le tourbillon de la danse insensée, et lui, le gardien de la foi, il danse comme un bouc dans son costume de grand prêtre : éclats de timbale et éclats de rire!

---

## LE ROI DAVID

Le despote expire en souriant ; il sait qu'après sa mort l'arbitraire ne fera que changer de mains, et que l'esclavage n'a pas de terme.

Pauvre peuple ! Comme le cheval et le taureau, il reste attaché à la charrue, et l'on brise la nuque qui ne s'accommode pas au joug.

En mourant, le roi David dit à Salomon : « A propos, je te recommande Joab, un de mes généraux.

» Ce brave homme, depuis des années, m'est odieux, mais je n'ai jamais eu le cœur de mettre la main sur lui.

» Toi, mon fils, tu es pieux et prudent, fort et craignant Dieu : ce sera pour toi chose facile de faire tuer Joab. »

---

## LE ROI RICHARD

A travers la splendeur solitaire des forêts, chevauche un fougueux cavalier, il sonne du cor, il chante et rit, joyeux et satisfait jusqu'au fond de l'âme.

Son armure est d'airain solide, mais son âme est plus ferme encore. C'est Richard Cœur-de-Lion, la fleur de la chevalerie chrétienne.

« Bien venu en Angleterre ! » lui crient les arbres de leurs mille langues vertes. « Nous nous réjouissons, ô roi, de ce que tu as échappé à la captivité autrichienne. »

Comme le roi est heureux dans l'air libre ! Il se

sent né de nouveau ; il songe à l'humide obscurité de la forteresse d'Autriche, et il éperonne son cheval.

## LE ROI MORE

Le jeune roi more s'en allait en exil dans les Alpuxares. Silencieux, et le cœur plein de succès, il chevauchait en tête du cortège.

Derrière lui, sur de grandes haquenées, ou dans des litières dorées, étaient assises des femmes de sa maison ; des mulets portaient les esclaves noires.

Cent fidèles serviteurs suivent sur de nobles chevaux arabes, noirs comme l'aile du corbeau : nobles coursiers, et pourtant les cavaliers semblent chanceler sur leur selle.

Ni cymbale, ni timbale, ni chants joyeux ne résonnent : on n'entend que les clochettes d'argent des mulets, qui sonnent tristement dans le silence.

Sur la hauteur, là où le regard s'étend avec délices dans la vallée de Duero, et où l'on aperçoit pour la dernière fois les minarets de Grenade,

Là le roi descendit de cheval, et considéra la ville

qui resplendissait de pourpre et d'or, à la lumière du couchant.

Allah! Quel coup d'œil! Au lieu du croissant bien aimé, la croix et les bannières d'Espagne flottent fièrement sur les tours de l'Alhambra.

A cette vue, le cœur du roi éclate en soupirs, un flot de larmes inonde tout à coup ses joues.

Du haut de sa tente, la mère du roi abaisse tristement les yeux, elle aperçoit son fils en pleurs, et elle le reprend avec une amertume triste et fière :

« Boabdil el Chico », dit-elle, « tu pleures maintenant comme une femme cette ville que tu n'as pas su défendre comme un homme. »

Quand l'odalisque favorite, la jeune bien-aimée du roi, entendit ces dures paroles, elle se précipita hors de sa litière, et jetant ses bras autour du cou de son maître :

« Boabdil el Chico », dit-elle, « console-toi, mon bien-aimé : de l'abîme de ton désastre, refleurira un beau laurier.

» Ce n'est pas seulement le triomphateur, ce n'est pas seulement le favori de l'aveugle déesse, victorieux et couronné, — mais c'est aussi le fils sanglant de l'infortune,

» L'héroïque combattant qui succombe à l'affreux destin, qui vivra éternellement dans la mémoire des hommes. »

Depuis ce jour, et encore aujourd'hui, la colline d'où le roi vit Grenade pour la dernière fois, s'est appelée « le Soupir du More. »

Le temps a généreusement accompli la prédiction de sa bien-aimée, et le nom du roi more est devenu célèbre et glorieux.

Tant que la dernière corde de la guitare d'Andalousie ne sera pas brisée, jamais sa gloire ne s'éteindra.

---

## TRAVERSÉE NOCTURNE

La mer ondoyait; d'un sombre nuage le croissant timide regardait timidement, et, quand nous montâmes dans l'esquif, nous étions trois.

Les rames frappaient l'eau de la mer avec une triste monotonie, les vagues bruissaient, et nous couvraient tous trois de leur écume.

Elle était là, dans l'esquif, si pâle, si élancée, immobile comme une statue de marbre d'Italie, une image de Diane.

La lune disparaît. Le vent glacé de la nuit passe en sifflant. Tout à coup bien haut sur nos têtes, un cri perçant se fait entendre.

C'était la mouette blanche et fantasmatique, et son méchant cri qui éclata comme un avertissement sinistre, nous fit peur à tous.

Suis-je dans la fièvre? Est-ce une vision de la fantaisie nocturne? un cauchemar qui se raille de moi? Une folie cruelle me passe par la tête.

Folie cruelle! Je rêve que je suis un rédempteur, et que je porte, patient et fidèle, la grande croix.

La pauvre beauté est cruellement angoissée : mais moi je t'affranchis de l'opprobre et du péché, du tourment et de l'angoisse, et des souillures du monde.

Pauvre beauté, ne frissonne pas devant le remède amer : c'est moi-même qui te présente le calice de la mort, dût mon cœur se briser!

O folie! O rêve affreux! Démence et frénésie! La nuit s'assombrit, la mer bruit avec éclat. Assiste-moi, ô mon Dieu!

Viens à mon aide, Dieu miséricordieux! Schaddei [1], Dieu de miséricorde! — Alors, ô douleur! la

---

[1] Hébreu : *Tout-puissant*.

mer répète dans ses profondeurs : Schaddei ! Schaddei ! Adonaï ! —

Le soleil se leva, nous touchâmes terre, le temps fleurissait et resplendissait, — et quand nous descendîmes de l'esquif, nous n'étions que deux.

# LAMENTATIONS

La Fortune est une fille légère qui ne séjourne pas volontiers au même endroit; elle lisse tes cheveux et ton front, te donne un baiser rapide et s'envole.

Dame Infortune, tout au contraire, t'a serré fermement sur son cœur. Elle dit que rien ne presse, se met au lit près de toi et tricote.

## LES ATRIDES ESPAGNOLS

Le jour de la Saint-Hubert, de l'an mil trois cent quatre-vingt-trois, le roi nous donna un festin à Ségovie, dans le château.

Les banquets de cour sont partout les mêmes : le même ennui suprême bâille à la table de tous les princes.

Somptueuse vaisselle d'argent et d'or, fins morceaux de toutes les zones, et le même goût de plomb qui fait songer à la cuisine de Locuste.

La même plèbe aussi, couverte de soie et d'ornements chamarrés, et s'inclinant avec dignité comme une plate-bande de tulipes : les sauces seules sont variées.

Et c'est un chuchotement, un bourdonnement qui endort les sens comme des pavots, jusqu'à ce qu'un coup de trompette réveille de ce lourd assourdissement.

Près de moi, par bonheur, était assis don Diègo Albuquerque. De ses lèvres avisées, coulaient des discours pleins d'intérêt.

Il racontait en perfection les sanglantes histoires de cour du temps de don Pedro, que l'on surnomma le Cruel.

Quand je demandai pourquoi don Pedro fit décapiter secrètement son frère, don Fredrego, mon commensal me dit en soupirant :

« Sennor ! Ne croyez pas ce que chantent en mauvaises rimes, aux ronflements de leurs guitares, les chanteurs de foires, et les muletiers, dans les posadas et les ventas.

» Ne croyez pas les radotages qu'ils débitent sur les amours de don Fredrego et de la belle épouse de don Pedro, dona Blanka de Bourbon.

» Ce n'est pas de la jalousie d'un mari, mais de celle d'un envieux, qu'est tombé victime don Fredrego, grand maître de l'ordre de Calatrava.

» Le crime que ne pardonna pas don Pedro, ce fut sa gloire, cette gloire que la renommée faisait retentir avec ivresse.

» Don Pedro ne lui pardonnait pas non plus les grands sentiments de son cœur, et la beauté de son corps, image de son âme.

» Elle est restée dans ma mémoire, avec tout son éclat, cette noble fleur d'héroïsme : jamais je n'oublierai cette belle et rêveuse figure de jeune homme.

» Il était justement de ceux-là qu'aiment les fées, et un secret mystérieux semblait empreint sur ses traits.

« Des yeux bleus, d'un émail éclatant comme une perle fine, mais aussi la dureté fixe des pierreries.

» Ses cheveux étaient noirs, d'un noir bleu à l'éclat étrange, et leurs belles boucles retombaient à profusion sur ses épaules.

» C'est dans la belle ville de Coïmbre, qu'il avait conquise sur les Mores, que je le vis la dernière fois vivant, — malheureux prince !

» Il arrivait d'Alkanzor, chevauchant à travers les rues étroites ; mainte jeune fille more regardait de derrière le grillage de sa fenêtre.

» Le panache de son casque flottait galamment : toutefois la croix sévère du manteau de Calatrava faisait fuir toute pensée amoureuse.

» A ses côtés, frétillant de joie, sautait Allan, son chien favori, une bête de fière race, originaire de la Sierra.

» Malgré sa grandeur énorme, il était souple comme

un chevreuil; sa tête était noblement formée, bien qu'elle ressemblât à celle du renard.

» Ses longs poils étaient blancs de neige, et moelleux comme la soie; son large collier d'or était incrusté de rubis.

» Ce collier, disait-on, cachait un talisman de fidélité : jamais il ne s'éloigna de son maître, le chien fidèle.

» O fidélité effrayante! Je frémis en songeant comment elle se manifesta ici devant nos yeux.

» O jour terrible! C'était ici, dans cette salle, et j'étais assis comme aujourd'hui à la table du roi.

» A l'extrémité supérieure, là où, aujourd'hui, don Henrico boit joyeusement avec l'élite de la chevalerie castillane,

» Étaient assis, ce jour-là, don Pedro, sombre et silencieux, et à ses côtés, rayonnante, et fière comme une déesse, Marie de Padilla.

» Ici, au bas de la table, où vous voyez aujourd'hui cette dame dont la grande fraise de linon ressemble à une assiette blanche,

» Tandis que son petit visage jaunissant, avec son sourire aigrelet, ressemble à un citron rose sur la dite assiette;

» Ici donc, au bas bout de la table, une place était restée vide, et un siège doré semblait attendre un convive de haut rang.

» Don Fredrego était l'hôte qu'attendait le siège doré. — Pourtant il ne vint pas; hélas! nous savons maintenant la cause de son retard.

» Hélas! à cette même heure fut accompli le sombre méfait : le jeune héros sans défiance, attaqué traîtreusement par les sergents de don Pedro,

» Fut garrotté et entraîné dans un lugubre cachot qu'éclairait à peine la lueur des torches.

» Là se tenaient les valets du bourreau, là était leur maître, habillé de rouge, qui, appuyé sur sa hache, dit avec un air douloureux :

« — Grand Maître de San Iago, il faut maintenant » vous préparer à la mort; un quart d'heure vous est » accordé pour la prière. »

» Don Fredrego s'agenouilla, priant avec une ferveur tranquille; puis : « Je suis prêt », dit-il, et il reçut le coup de mort.

» Au moment même où la tête roulait à terre, le fidèle Allan, qui avait suivi sans être remarqué, se jetta sur elle,

» La saisit avec les dents par ses cheveux bouclés,

et s'enfuit rapide comme la pensée avec sa chère proie.

» Partout sur son chemin, à travers corridors et appartements, en haut en bas les degrés, se faisaien entendre des cris de douleur, des sanglots.

» Depuis le festin de Balthazar, jamais les hôtes d'un banquet n'apparurent aussi troublés que nous, dans cette salle,

» Quand le chien monstrueux s'y précipita avec la tête de don Fredrego qu'il traînait dégoutante de sang.

» Sur le siège resté vide et destiné à son maître, le chien sauta, et, comme un accusateur, il tînt la tête devant nous.

» Hélas! c'était la tête bien connue du héros, mais plus pâle, plus sérieuse par la mort, et horriblement enveloppée

» De la masse de ses boucles noires, qui se dressaient comme la terrible chevelure de serpents de Méduse, et comme celle-ci pétrifiaient.

» Oui, nous étions comme pétrifiés; nous nous regardions fixement, et toutes les langues étaient paralysées par la terreur et l'étiquette.

» Seule, Marie de Padilla rompit le silence général,

et, tordant les mains et éclatant en sanglots, elle s'écria dans un pressentiment horrible :

« On dira maintenant que c'est moi qui ai com-
» mandé ce meurtre, et la haine s'attachera à mes en-
» fants, mes pauvres enfants innocents ! »

Ici Don Diego interrompit son récit, car on se levait de table et la cour quittait la salle.

Le chevalier m'accompagna courtoisement, et nous cheminâmes ensemble à travers le vieux château gothique.

A la croisée du chemin qui, du préau, conduit aux chenils royaux, dont les bruits et les abois s'annoncent de loin,

Je vis, encastrée dans le mur, et fortement défendue du côté extérieur par une grille de fer, une cellule en forme de cage.

Deux figures humaines étaient là, deux jeunes garçons; enchaînés par les pieds, ils étaient accroupis sur la paille pourrie.

L'un semblait avoir douze ans à peine, l'autre guère plus, — leurs visages nobles et beaux, mais livides et flétris par la souffrance maladie.

Leurs maigres petits corps, tout en haillons et

presque nus, portaient les traces saignantes de mauvais traitements ; tous deux tremblaient la fièvre.

Du fond de leur misère ils me regardèrent, comme avec des yeux blancs de fantômes, si bien que j'en fus épouvanté.

— Qui sont ces lamentables figures ? m'écriai-je en saisissant la main de Don Diego, qui tremblait.

Don Diego parut embarrassé, regarda autour de lui pour voir si quelqu'un nous observait, soupira profondément, et dit enfin en affectant le ton impassible d'un homme de cour :

« Cela, ce sont deux fils de roi, de bonne heure orphelins : leur père s'appelait le roi don Pedro, et Marie de Padilla était leur mère.

» Après la grande bataille de Narvas, où Henrico Transtamare délivra son frère, le roi Pedro, du lourd fardeau de la couronne,

» Et en même temps de ce fardeau plus lourd qui s'appelle la vie, — la magnanimité du vainqueur Don Henrico s'étendit aussi aux enfants de son frère.

» Il prit soin d'eux, comme il sied à un oncle, et il leur donna, dans son propre château la nourriture et le logement.

« La chambrette qu'il leur assigna est étroite, il ets

vrai, mais, en été, elle est fraîche, et pas trop froide en hiver.

» Leur nourriture est du pain de seigle, aussi savoureux que si Cérès, la déesse, l'eût pétri elle-même pour sa chère petite Proserpine.

» Quelquefois il leur envoie encore un chou avec des garbanzos, et les petits remarquent alors que c'est jour de dimanche en Espagne.

» Toutefois, ce n'est pas toujours dimanche, et il n'y a pas toujours des garbanzos : alors le grand maître des chenils les régale avec le fouet.

» Car le grand maître des chenils, qui a sous sa garde les chiens et les meutes, ainsi que la cage des neveux,

» Est le malheureux époux de cette aigre Citronelle, avec la fraise blanche en forme d'assiette, que nous avons admirée à table tout à l'heure.

» Et elle tempête si effrontément, que souvent son époux saute au fouet, et se hâte ici, et punit les chiens et les pauvres enfants.

» Toutefois, le roi a désapprouvé ces procédés, et ordonné qu'à l'avenir on ne traiterait pas ses neveux comme des chiens.

» Dorénavant il ne remettra plus à la main mercenaire d'un étranger la correction qu'il administrera lui-même. »

Don Diego s'arrêta court tout à coup, car le sénéchal du château venait à nous, et s'informait courtoisement si nous avions bien dîné.

---

## L'EX-VIVANT

Brutus, où est ton Cassius, le veilleur, le crieur de nuit, qui, naguère, cheminait avec toi, plein d'effusion, sur les rivages de la Seine ?

Vous regardiez parfois vers le ciel où passent les nuées orageuses : bien plus sombre était l'idée que vous portiez dans vos cœurs.

Brutus, où est ton Cassius ? Il ne songe plus à tuer. On dit que, sur le Necker, il est devenu lecteur d'un tyran.

Cependant Brutus répond : « Tu es un fou, un myope comme tous les poètes. Mon Cassius fait la lecture au tyran, mais c'est pour le tuer.

» Il lui lit les poésies de Matzerath : chaque ligne est un poignard. Le pauvre tyran, tôt ou tard, mourra, à coup sûr. »

## L'EX-VEILLEUR DE NUIT

Il a quitté de mauvaise humeur, dit-on, les rives du Necker, et, à Munich, sur l'Isar, il est devenu intendant du théâtre.

C'est aussi un beau pays : ici écume le bock exquis, la meilleure des bières, qui réveille l'esprit et la fantaisie.

Pourtant on assure que le pauvre intendant y erre çà et là, mélancolique comme un Dante, muet et *gloomy* comme lord Byron.

Rien ne l'égaie ; ni comédies, ni les plus mauvais poèmes ; il lit même, sans rire, les tragédies les plus lugubres.

Mainte belle voudrait égayer ce cœur assombri d'un crêpe, mais les regards d'amour échouent sur sa cuirasse d'airain.

Nannerl, avec sa cornette plissée, lui roucoule d'un air si doux. — Va dans un cloître, pauvre petite colombe ! » lui dit-il, comme le prince danois.

En vain ses amis s'efforcent-ils de l'égayer en chantant : « Rêveur, jouis de la vie, pendant que ton lumignon brûle encore. »

Rien ne peut l'inviter à la gaieté, ici, dans cette jolie ville, qui vraiment ne manque pas des originaux les plus amusants.

Il est vrai que, dans ces derniers temps, elle a perdu plus d'un excellent chorège, plus d'un de ces personnages dont on ne peut guère se passer.

Que Massmann n'est-il seulement resté ! Avec son talent pour les culbutes, il aurait bien fini par dissiper cet ennui.

Quant à Schelling, c'est une perte immense, et vraiment irréparable. Comme philosophe, il était divertissant, et hautement apprécié comme mime.

Que le fondateur du Walhalla s'en soit allé, laissant derrière lui tous ses manuscrits, c'est une perte également.

Avec Cornélius, tous les disciples du maître s'en sont allés : toute l'école s'est coupé les cheveux, et dans ses cheveux était sa force.

Car le maître avisé plaçait un charme dans les cheveux : là souvent, d'une manière visible, quelque chose de vivant se mouvait.

Goerres, l'hyène, est mort. La décadence du Saint-Office tira un jour une larme de son œil sanguinolent.

Cet animal de proie a laissé un rejeton, mais ce

n'est qu'un petit lapin venimeux qui mange des pets-de-nonne.

A propos ! l'archi-infâme prestolet Dollingering — c'est à peu près son nom, — vit-il encore sur les bords de l'Isar ?

Celui-là, jamais je ne l'oublierai. Jamais, de par la pure lumière du soleil, je ne vis aussi laid visage de pauvre pêcheur.

On assure qu'il est venu au monde d'une manière merveilleuse, et que, à la honte et à l'effroi de sa mère, il a pris le chemin des singes.

Je le vis une fois cheminer dans la procession du Vendredi-Saint : de tous ces hommes noirs, le plus noir était lui.

Oui, de notre temps, Monacho Monachorum est le siège des « virorum obscurorum » qu'a illustrés le sarcasme de Hutten.

Comme tu palpites au nom de Hutten ! Ex-veilleur de nuits, réveille-toi ! Ici la férule, là les frocs : comme autrefois, frappe ferme !

Flagelle leur dos jusqu'au sang, comme Ulrich[1] le fit jadis. Il frappait comme un vaillant chevalier ; eux criaient affreusement.

1. Ulrich de Hutten.

Témoin de cette exécution, Érasme fut pris d'un tel accès de rire, que son abcès creva dans sa gorge, et qu'il guérit.

Sickingen, lui aussi, riait comme un fou dans son château d'Ebersbourg, et des éclats de rire retentissaient dans tous les cercles de l'empire d'Allemagne.

Les vieux riaient comme les jeunes : tout Wittemberg riait aux éclats; ils chantaient : « Gaudeamus igitur ! »

Il est vrai qu'en époussetant des soutanes, on prend des puces à foison, et Hutten dut parfois se gratter de dépit.

Mais, « Alea est jacta ! » c'était le cri de guerre du chevalier, et il écrasait et faisait craquer « pulices » et gens d'Église.

Ex-veilleur de nuit, crieur des heures, ne sens-tu pas ton cœur s'enflammer ? Remue-toi sur les bords de l'Isar, secoue ton spleen maladif.

Mets en mouvement, pour une nouvelle carrière, les longues jambes de progrès : soutanes grossières, soutanes fines, ce sont des soutanes, frappe dru !

Mais il soupire, il se tord les mains et dit : « Mes longues jambes de progrès sont maintenant fatiguées d'Europe.

» Mes cors me font mal, j'ai d'étroits souliers allemands, et je sais bien où mes souliers me blessent : laissez-moi tranquille ! »

---

## CHANT DE FÊTE

Beer-Meyer, Meyer-Beer ! quel tapage et qu'est cette nouvelle ? Vas-tu réellement enfanter aujourd'hui, et nous donner le Messie promis ? Le moment des couches est-il bien venu ? Le chef-d'œuvre désiré d'une colique de treize années, l'enfant de douleur que l'on nomme *Ian de Leyden* va-t-il enfin paraître ?

Non, ce n'est plus une invention de gazette, l'accouchement est accompli ! Les maux d'enfant ont passé. L'illustre accouché, le visage transfiguré, est étendu sur son lit, baigné d'une sueur d'angoisse. Sur son ventre flasque comme une outre vide, Gouin met une serviette chauffée. Cependant le silence de la chambre de l'accouché est troublé tout à coup par de bruyantes clameurs; les trompettes éclatent. Israël avec mille voix (non payées pour la plupart) s'écrie : « Salut au maître qui nous est cher, salut au grand Beeren-Meyer, salut au grand Meyer-Beer ! qui, après de longues et cruelles souffrances, nous a enfanté le Prophète ! »

Du chœur des jubilants sort un jeune homme natif de Prusse, et qui s'appelle M. Brandy. Il a l'air fort modeste (bien qu'un Bédouin, un illustre preneur de rats, son prédécesseur comme éditeur musical, lui ait appris toutes ses rubriques). Il saisit un tambour, et, dans l'ivresse du triomphe, il le frappe comme fit un jour Miriam, lorsque Mausché[1] eut gagné une grande bataille, et il se met à chanter :

« La sueur de l'artiste de génie, coulant goutte à goutte, a été diligemment recueillie dans le réservoir bien fermé. Maintenant, les écluses sont levées, l'onde s'épanche à flots orgueilleux : miracle de Dieu ! c'est maintenant un grand torrent, oui, un torrent de premier ordre, comme l'Euphrate, comme le Gange, où les petits des éléphants se baignent sur les rives couvertes de palmiers, — comme le Rhin à Schaffhouse où les étudiants berlinois se tiennent bouche béante et les pantalons mouillés, — comme la Vistule où habitent de nobles Polonais qui s'épouillent, chantant leurs souffrances héroïques près des saules-pleureurs du rivage. Oui, c'est presque comme une mer, comme la Mer Rouge, où se noya l'armée de Pharaon, tandis que nous passions à pied sec, avec notre butin. Quelle largeur! quelle profondeur! ici, sur notre globe terraqué, il n'est pas de plus grand œuvre aquatique. Il est d'une poésie sublime, d'une majesté

---

1. Moïse.

primitive et titanique, grand comme Dieu et la nature, — et c'est moi qui possède la partition ! »

. . . . . . . . . . . . . . .

---

## ÉPILOGUE AU CHANT DE LOUANGE

### DU CELEBERRIMO MAESTRO FIASCOMO

Les nègres racontent que le roi des animaux, le lion, quand il est malade, se guérit en déchirant un singe et en le mangeant poil et peau.

Je ne suis pas un lion, je ne suis pas un roi des animaux, mais j'ai voulu expérimenter un peu la recette nègre : j'ai écrit ce poème, et je me trouve déjà mieux.

---

## LES PLATENIDES

Tu nous annonces pompeusement des Iliades, des Odyssées, et nous devons voir en toi le plus grand homme de l'avenir allemand.

C'est une grande action en paroles que tu comptes

faire un jour! — Oh! il y a longtemps que je connais cette espèce de faiseur de dettes d'esprit.

Voici Rhodes, viens et montre ton art, ici l'on danse! Ou bien décampe et tais-toi, si tu ne peux pas danser aujourd'hui.

Les vrais princes du pays du génie paient leur consommation argent comptant. Schiller, Gœthe, Lessing, Wieland, n'ont jamais demandé qu'on leur fît crédit.

Ils n'ont pas voulu du public des ovations payables à terme, point de couronnes de laurier par anticipation; ils ne se sont pas célébrés eux-mêmes avec une effronterie grossière.

Le vieux gentillâtre est mort depuis longtemps, mais sa semence vit encore... Oh! je connais ces gasconnades d'immortalité future.

Ce sont les vrais fils de Platen, le vrai sang de la dynastie des Platenides. Mes chers Hallermünder[1], ah! je ne vous connais que trop bien !

1. Le nom complet du comte Platen était : Platen-Hallermunde.

## EN DEÇA ET EN DELA DU RHIN

Douce folie, cajoleries cruelles, badinage avec les roses enflammées, charmants mensonges, gracieux prestiges qui ennoblissent la passion grossière, — bref, la gaie science de l'amour, là vous êtes maîtres, vous autres Français!

Nous autres Allemands, nous nous entendons mieux à la haine. Elle sourd des profondeurs de l'âme, la haine allemande! Et pourtant elle se gonfle, géante, et peu s'en faut qu'elle ne remplisse de ses poisons la tonne de Heidelberg.

---

## MYTHOLOGIE

Oui, Europe a succombé : Qui pourrait résister à un bœuf? Nous pardonnons aussi à Danaé d'avoir cédé à une pluie d'or.

Sémélé se laissa séduire, car elle se dit à part soi : Un nuage, un nuage idéal et céleste, après tout, ne peut être compromettant.

Mais ce que nous lisons de Léda nous révolte profondément : fallait-il que tu fusses assez oie pour te laisser endoctriner par un cygne !

---

## SUR L'ALBUM DE MATHILDE

Ici, sur des chiffons passés au foulon, il faut que je griffonne, avec une plume d'oie, moitié sérieux, moitié fou, des fariboles versifiées,

Moi qui suis habitué à m'exprimer, sur ta belle bouche de rose, avec des baisers qui éclatent comme des flammes du plus profond de mon cœur !

O fureur de la mode ! Est-on poète, notre propre femme ne nous laisse pas de repos que, comme d'autres étoiles de la poésie, nous n'ayons mis quelques rimes dans son album !

---

## MULET DE RACE

Ton bonhomme de père, chacun le sait, était un âne, mais ton orgueilleuse mère était une cavale pur sang.

Bien que tu t'en défendes, ton origine est patente ;

pourtant, tu peux dire à bon droit que tu appartiens à la race chevaline;

Que tu descends de Bucéphale, le fier coursier, et que tes aïeux couverts de harnais de fer ont suivi au Saint-Sépulcre les pieuses bannières des Croisés;

Que tu comptes dans ta parenté le grand cheval blanc que montait Godefroy de Bouillon, le jour où il emporta la cité de Dieu;

Tu peux même dire que le cheval de Bayard était ton cousin, et ta tante l'héroïque Rossinante qui porta le chevalier Don Quichotte.

Ne va pas dire, il est vrai, que le grison de Sancho était apparenté avec toi. Renie aussi l'ânon qui a porté une fois Notre-Seigneur.

Il n'est pas non plus nécessaire que tu mettes précisément un baudet dans tes armoiries; sois le propre contrôleur-juré de ton mérite : tu vaux tout juste ce que tu t'estimes.

## EXÉGÈSE RATIONALISTE

Ce n'est point *par* des corbeaux, mais bien *de* corbeaux, que fut nourri Élie : ainsi, sans miracle, nous nous expliquons fort bien le passage.

Oui, au lieu de pigeons, on lui donna des corbeaux rôtis, comme nous en avons mangé nous-mêmes à Berlin avec une foi parfaite.

---

## SYMBOLIQUE DU NON-SENS

Nous allons maintenant nous mettre à chanter les louanges d'un nombre qui s'appelle le nombre trois : après la joie vient le souci.

Il était, il est vrai, d'origine arabe : toutefois, d'un bout de l'Europe à l'autre, personne n'était plus chrétiennement pieux que ce brave numéro.

C'était un modèle de moralité, et il devenait rouge comme un homard quand il trouvait le valet dans le lit de la servante; il leur faisait à tous deux un fameux sermon.

Le matin il buvait son café, en été vers sept heures, vers neuf en hiver, et la nuit il jouissait du meilleur sommeil.

Mais les temps ont changé, et ce n'est plus maintenant la même chanson : le pauvre numéro trois doit souffrir peine et martyre.

Un savetier vint et dit : La tête du chiffre trois semble un petit sept se dressant sur un croissant.

Le sept, c'est le nombre mystique des anciens pythagoriciens; le croissant désigne le culte de Diane; il nous fait aussi souvenir du sabéisme.

La triade elle-même est le Schiboleth du chef des bonzes de Babel : c'est de lui qu'elle conçut, et enfanta la fable de la sainte Trinité.

Un pelletier remarqua au contraire que la triade était une pieuse bourde, en vénération comme tant d'autres chez nos pères, mais qu'elle n'était en réalité qu'un zéro.

Il y avait là un tailleur qui dit en riant que le numéro trois n'existait pas, qu'il ne se trouvait que sur le papier.

Quand le pauvre trois entendit cela, comme un canard effaré il vola deçà delà, criant et piaillant :

« Je suis aussi vieux que la mer et les forêts, aussi vieux que les étoiles qui brillent au ciel; j'ai vu naître et tomber des empires, des peuples s'élever et disparaître,

» Pendant de longs milliers d'années, je me suis tenu près de la tisseranderie du temps; j'ai vu jusque dans les entrailles créatrices de la nature, où tout flottait, et fermentait, et grondait.

» Et pourtant les obscures puissances des sens ne

m'ont point emporté dans leur tourbillon : au milieu de ce tohu-bohu, j'ai sauvegardé ma virginité,

» A quoi, maintenant, me sert ma vertu ? Sages et fous se moquent de moi ; le monde est inique et méchant, il ne laisse personne tranquille,

» Pourtant, console-toi, mon cœur : il t'est resté ta foi, ton espérance et ton amour, avec ta demi-tasse de bon café et un petit coup de rhum ; nul scepticisme ne pourra m'ôter cela. »

---

## LES ANGES [1]

Il est vrai que, comme un Thomas incrédule, je ne crois pas au ciel que promet l'Église de Rome et de Jérusalem.

Pourtant, je n'ai jamais mis en question l'existence des anges : créatures lumineuses et sans tache, ils cheminent ici-bas sur la terre ;

Seulement, madame, je leur refuse des ailes : il y a des anges sans ailes, je l'affirme parce que je l'ai vu.

Avec leurs mains blanches et leur beau regard, ils protègent charitablement l'homme, et éloignent de lui l'adversité.

1. Écrit dans l'album de madame Rothschild, à Paris, 1852.

Leur bienveillance et leur faveur consolent chacun, mais celui-là surtout qui a une double part de souffrances, celui qu'on appelle le poëte.

---

## ORGUEIL

O princesse Gudule de Gudelfeld, le monde te rend hommage, car tu as de l'argent ! Tu te promènes au bois en calèche à quatre chevaux ; on te présentera à la cour ; un carrosse doré te conduira au château tout resplendissant de bougies ; en montant l'escalier la queue de ta robe frôlera à grand bruit les degrés de marbre, et là les serviteurs alignés en longues files bariolées t'annonceront en criant : « Madame la comtesse de Gudelfeld ! »

Orgueilleuse, l'éventail à la main, tu parcours les appartements. Couvert de diamants, de perles et de dentelles de Bruxelles, ton sein blanc se gonfle et palpite de joie. Ce sont des sourires, et des signes de tête, et des inclinations, et de profondes révérences ! La duchesse de Pavie t'appelle : *Cara mia !* Gentilshommes et courtisans veulent danser avec toi, et le spirituel héritier de la couronne crie tout haut dans la salle : « Elle est superbe, la Gudelfeld, quand elle balance son derrière ! »

Pauvrette, vienne le jour où tu n'auras plus d'argent, tout le monde te tournera le dos, les valets cracheront sur ta queue. Au lieu de révérences et d'empressements, il n'y aura plus que des impertinences. La *cara mia* fait le signe de la croix, et le prince royal s'écrie avec une grimace : « Comme elle sent l'ail, la Gudelfeld ! »

---

## HIVER

Le froid peut vraiment brûler comme le feu. Les enfants des hommes, dans les tourbillons de neige, courent et courent toujours plus vite.

O dureté impitoyable de l'hiver! Les nez sont gelés, et les concerts de piano nous déchirent les oreilles.

Il fait bien meilleur en été : je puis alors me promener dans la forêt, seul avec mon chagrin, et scander des chants d'amour.

---

## VIEUX TABLEAU DE CHEMINÉE

Au dehors, à travers la nuit, tombent de blancs flocons; la tempête fait rage; ici, dans ma chambrette, il fait sec et chaud, tranquille et bon.

« Je m'étends rêveur dans mon fauteuil, au coin de la cheminée pétillante; la bouilloire chantonne des mélodies depuis longtemps oubliées.

Un petit chat se tient auprès, il chauffe ses petites pattes; la flamme ondoie; je me sens dans une disposition étrange.

Mainte période des temps disparus me revient vaporeuse, comme dans un cortège bariolé de masques, et une splendeur évanouie.

De belles femmes, à l'air spirituel, me font des signes pleins de douceur et de mystère, et, parmi elles, des arlequins, fous de joie, rient et gambadent.

Au loin, des dieux de marbre saluent; près d'eux sont des fleurs fabuleuses dont les corolles palpitent comme dans un rêve à la lumière de la lune.

Maint vieux château magique arrive chancelant et comme flottant; derrière, chevauchent de brillants cavaliers, et toute une cohue de pages,

Et tout cela passe devant moi avec la précipitation hâtive des ombres... Quand tout à coup la bouilloire déborde à grand bruit, et le chat échaudé se met à crier.

---

## DÉSIR

Tu vois en songe des fleurs fabuleuses dont le parfum te pénètre silencieusement de langueur et de désir.

Toutefois, de ces fleurs te sépare un abîme horrible et profond, et ton cœur finit par devenir triste, et il saigne.

Comme elles m'attirent! Comme elles brillent! Hélas! comment pourrai-je aller jusqu'à elles? Maître arlequin, mon ami, ne pourrais-tu me charpenter un pont?

---

## AUX JEUNES

Ne te laisse point allécher, ne te laisse point troubler par les pommes d'or dans ta course! Les épées bruissent, les flèches sifflent, mais rien n'arrête le héros !

Commencer hardiment, c'est vaincre à moitié ! Alexandre a conquis le monde. Point de longues délibérations ! Les reines à genoux attendent déjà le vainqueur dans la tente.

Nous osons, nous voulons monter comme héritiers dans le lit et sur le trône du vieux Darius. Et, puisqu'il faut mourir, nous voulons mériter au moins la belle **mort triomphale de Babylone.**

---

## L'INCRÉDULE

Tu reposeras dans mes bras ! Tout mon cœur palpite et se gonfle de délices sans mesure à cette pensée d'enchantement.

Tu reposeras dans mes bras ! Je joue avec ces belles boucles d'or ; ta charmante tête s'appuie à mon épaule.

Tu reposeras dans mes bras ! Le rêve deviendra vérité ; je jouirai déjà sur terre de la suprême félicité du ciel.

O saint Thomas ! Je le crois à peine ! Je douterai

jusqu'à l'heure où je pourrai toucher du doigt mon bonheur.

---

## PAIX DOMESTIQUE

Beaucoup de femmes, beaucoup de puces ! Beaucoup de puces, force démangeaison ! Te font-elles secrètement mal, il ne te sera pourtant pas permis de souffler mot,

Car, aux heures de la nuit, elles se vengent et rient malignement. Tu voudrais les presser sur ton cœur avec des bégaiements amoureux, hélas ! elles te tournent le dos.

---

## ADIEU

Comme un pélican, je t'avais abreuvée de mon propre sang, et aujourd'hui, pour me remercier, tu m'as tendu un breuvage de fiel et d'abinthe.

L'intention n'était pas mauvaise, et ton front resta serein ; il est malheureux que ta cervelle soit pleine d'oubli.

Maintenant, adieu ! C'est à peine si tu remarqueras que je te quitte en pleurant. Dieu te conserve, folle que tu es, ta folâtrerie et ta gaîté !

---

## OU ALLER ?

Où aller ? Mes bêtes de pieds me porteraient volontiers en Allemagne, mais ma raison secoue prudemment la tête, et semble dire :

« La guerre est terminée, il est vrai, mais les tribunaux militaires subsistent, et l'on dit que tu as écrit une fois beaucoup de choses fusillables. »

C'est vrai, il me serait désagréable d'être passé par les armes ; je ne suis pas un héros : il me manque la gesticulation pathétique.

J'irais avec plaisir en Angleterre, s'il n'y avait pas là-bas de la fumée de houille et des Anglais : leur seule odeur me donne déjà des nausées et des crampes.

Parfois l'idée me vient de cingler vers l'Amérique, la grande écurie de la liberté, qu'habitent les rustres des forêts primitives de l'égoïsme,

Mais je redoute un pays où les hommes chiquent

du tabac, où ils jouent aux cartes sans roi, où ils crachent sans crachoir.

La Russie, ce bel empire, me conviendrait peut-être, mais en hiver je ne pourrais pas y supporter le knout.

Triste, je regarde en haut, là où tant de millions d'étoiles nous sourient, mais, ma propre étoile, je ne puis nulle part l'y découvrir.

Peut-être, dans ce labyrinthe d'or, s'est-elle égarée au ciel, comme je me suis égaré moi-même dans le vacarme d'ici-bas.

———

## BON CONSEIL

Quand une femme te trahit, vite, aimes-en une autre; peut-être ferais-tu mieux encore de quitter la ville : boucle ton sac, et marche!

Tu trouveras bientôt un lac bleu entouré de saules pleureurs : là tu pourras pleurer ta petite douleur, et tes minces souffrances.

En gravissant la montagne escarpée, tu geindras considérablement. Mais, parvenu au sommet rocheux, tu entendras le cri des aigles.

Là tu seras presque un aigle toi-même, là tu seras presque régénéré : te voilà libre, et tu t'apercevras que tu n'as pas perdu grand' chose ici-bas.

## VIEILLE CHANSON

Tu es morte, et tu n'en sais rien ; l'éclat de tes yeux est éteint, ta petite bouche rouge est pâlie ; tu es mort, mon petit enfant mort.

Dans une horrible nuit d'été, je t'ai moi-même porté au tombeau ; les rossignols chantaient des chants plaintifs, les étoiles ont suivi le cercueil avec moi.

Le cortège passait le long de la forêt ; là résonnait la litanie ; les sapins, couverts de manteaux de deuil, ont murmuré les prières des morts.

Le chemin suivait le lac des saules pleureurs ; les sylphes y dansaient des rondes : ils s'arrêtèrent tout à coup, et parurent nous regarder avec compassion.

Dans le cimetière, près de la fosse, les larmes ruisselèrent sur mes joues ; et si je n'avais pas prononcé là un discours, mon cœur se serait brisé.

## SOLIDARITÉ

La déesse d'amour disait au dieu des Lieder qu'elle demandait des sûretés avant de se rendre, car les temps étaient mauvais.

Le dieu répondit en riant : « Oui, les temps changent, et tu parles maintenant comme un vieux usurier, qui prête sur gages.

» Hélas ! je n'ai qu'une lyre, mais elle est d'or : combien de baisers veux-tu me prêter là-dessus, la belle ? »

---

## VIEILLE ROSE

Elle fut un bouton de rose pour qui brûlait mon cœur, — mais elle crût et s'épanouit merveilleusement en pleine fleur.

Cela donna la plus belle rose du pays, et je voulus la cueillir. Mais, avec ses épines aiguës, elle sut me tenir à distance.

Maintenant qu'elle est fanée, et déchiquetée, et abimée par le vent et la pluie, — je suis maintenant

« l'Henri bien-aimé », et elle vient à moi pleine d'amour.

Henri de ci, Henri de là, — dit-elle aujourd'hui avec l'accent le plus doux; et si maintenant une épine me blesse, c'est au menton de la belle.

Les poils qui ornent les verrues de ce menton, sont vraiment par trop rudes : Va dans un cloître, chère enfant, ou bien fais-toi raser.

———

## AUTODAFÉ

Violettes fanées, boucles poudreuses, un ruban bleu passé, des billets à demi déchirés, tout un amour depuis longtemps oublié,

Je jette tout cela avec indifférence au feu de la cheminée; ces débris de mon bonheur et de mon chagrin, pétillent douloureusement.

Serments d'amour, faux serments volages, tout cela s'évapore par la cheminée; le petit dieu invisible rit sous cape.

Je suis assis rêveur au coin du feu, et je vois les petites étincelles s'éteindre peu à peu dans la cendre, — bonne nuit, adieu !

———

# LAZARE

## PLAINTE

A-t-on beaucoup, bientôt on recevra davantage encore. Celui qui a peu, — ce peu lui sera bientôt repris.

Mais si tu n'as rien, hélas ! alors, fais-toi mettre en terre : ceux-là seuls, pauvres gueux, qui possèdent quelque chose, ont droit à la vie.

---

## SOUVENIR

J'ai flairé toutes les odeurs de l'aimable cuisine de ce monde; tout ce qu'on peut goûter ici-bas, j'en ai joui comme jamais héros ne l'a fait. J'ai bu du café, mangé des gâteaux, possédé aussi mainte belle poupée; j'ai porté des gilets de soie, et le plus fin habit, et les ducats ont sonné dans ma poche; j'ai chevauché, comme Gellert, sur de grands chevaux de guerre, j'avais une maison, j'avais un château. J'étais étendu mollement sur la verte prairie du bonheur, le soleil me saluait de ses rayons d'or, une verte couronne de lauriers ombrageait mon front et enivrait mon cerveau de songes; je rêvais de gazons et d'un printemps éternel : je me sentais alors si vaguement, si paresseusement heureux ! Des pigeons rôtis volaient entre mes dents, de petit anges venaient tirant de leurs poches des bouteilles de champagne. C'étaient des visions, des bulles de savon, elles crevèrent; maintenant, je suis gisant sur le gazon humide, les membres paralysés par le rhumatisme, et mon âme est profondément humiliée ; j'ai payé chaque joie par un chagrin, j'ai été abreuvé d'amertumes et cruellement mordu des punaises. J'ai été assiégé par de noirs soucis; il m'a fallu mentir, emprunter à de riches coquins et à d'anciens mendiants : je crois même qu'il m'a fallu mendier... Et me voilà, fatigué de courses sans fin, aussi je veux reprendre un peu haleine dans le tombeau. Adieu ! frères chrétiens, adieu; nous nous reverrons là-haut, cela va sans dire.

## RÉSURRECTION

L'appel des trompettes remplit l'air de ses terribles échos. Les morts se lèvent de la fosse, et remuent et secouent leurs membres.

Tout ce qui a des jambes se met en route, les blanches figures cheminent vers Josaphat : c'est là que l'on se rassemble pour le jugement.

Le Christ y siège comme franc-juge, au milieu de ses apôtres. Ils sont les échevins : leurs arrêts sont pleins d'amour et de sagesse.

Ils ne jugent pas sous le masque. Il n'y a plus de masque au jour du dernier jugement, quand les trompettes résonnent.

C'est à Josaphat, dans la vallée, que sont conviées les multitudes, et, comme le nombre des accusés est trop grand, on procède à un jugement sommaire.

Les petits boucs à gauche, à droite les brebis ; la séparation est bientôt faite : le ciel aux petites brebis, pieuses et braves, aux boucs lubriques, l'enfer !

## OUI ! OUI !

Tu t'es envolé vers le soleil et le bonheur, et tu reviens nu et en piteux état. Fidélité allemande, chemise allemande, on les use jusqu'à la corde en pays étranger.

Tu as l'air pâle comme la mort, — mais, courage ! te voilà au logis ! Comme auprès d'un foyer flambant, on est chaudement couché en terre allemande.

Beaucoup, malheureusement, sont devenus paralytiques, et n'ont pu retourner à la maison ; ils sont là-bas et tendent les bras : que le Seigneur les prenne en pitié !

---

## GUEUSERIE

On ne gagne les gens riches que par de plates flatteries ; l'argent est plat, mon enfant, et veut être platement adulé.

Balance hardiment l'encensoir devant tous les veaux d'or ; adore dans la poudre, adore dans la fange ; mais, avant tout, ne loue pas à demi.

Le pain est cher cette année, mais les plus belles paroles, on les a encore pour rien. Chante, s'il le faut, le chien de Mécène, et rassasie-toi !

---

## SOUVENIR[1]

A l'un la perle, à l'autre l'écrin ; ô Wilhelm Wisetzki, tu es mort si jeune, — mais la chatte, la chatte est sauve.

La solive où il se tenait se brisa ; alors il a péri dans l'eau, — mais la chatte, la chatte est sauve.

Nous suivîmes le corps de l'aimable enfant ; il fut enterré sous des fleurs de mai, — mais la chatte, la chatte est sauve.

Tu as été avisé ; tu as échappé aux tempêtes ; de bonne heure tu as trouvé un abri, — mais la chatte, la chatte est sauve.

Tu as échappé de bonne heure : tu fus avisé. Avant de tomber malade, tu étais guéri, — mais la chatte, la chatte est sauve.

Que de fois, depuis quarante ans, j'ai pensé à toi,

1. Voir *Reisebilder*. I. « Le tambour Legrand ».

ô petit, avec envie et tristesse, — mais la chatte, la chatte est sauve.

---

## IMPERFECTION

Rien n'est parfait dans ce monde ; l'épine est jointe à la rose ; je crois même que les bons anges gracieux là-haut, ne sont pas sans défauts.

La tulipe est sans parfum. On dit sur le Rhin que « Loyal lui-même a volé un jour un cochon de lait. » Si Lucrèce ne s'était pas poignardée, peut-être aurait-elle fini par accoucher.

Le paon orgueilleux a de vilains pieds. La femme la plus spirituelle et la plus amusante peut nous ennuyer parfois, comme *la Henriade* de Voltaire, et même *la Messiade* de Klopstock.

La vache la plus brave et la plus noble ne sait pas plus d'espagnol, que Massmann de latin. Le derrière de marbre de la Vénus de Canova est trop lisse, comme le nez de Massmann est trop camard et trop plat.

Dans le Lied le plus doux, il y a souvent une rime acide, comme l'aiguillon de l'abeille se cache dans le miel. Le fils de Thétis était vulnérable au talon, et Alexandre Dumas est un métis.

L'étoile la plus pure et la plus rayonnante à la tente du ciel, quand elle s'enrhume, elle tombe. Le meilleur cidre sent la tonne, et l'on voit des taches dans le soleil.

Toi-même, noble dame, tu n'es pas sans défaut, ni franche de toute tache. — Tu me regardes, et demandes ce qui te manque ? — Une poitrine, et dans la poitrine une âme.

## PIEUX AVERTISSEMENT

Ame immortelle, prends garde qu'il ne t'arrive dommage, quand tu quitteras la terre : le chemin passe par la mort et la nuit.

A la porte de la Cité lumineuse, se tiennent les soldats de Dieu : ils s'informent des faits et gestes ; on ne demande là ni le nom ni la dignité.

Le pèlerin laisse derrière lui, à la porte, ses souliers poudreux et gênants. Entre, tu trouveras là le repos, de moelleuses pantoufles, et de bonne musique.

## MODÉRATION

Une fois mort, il faut être longtemps couché dans la tombe. Je crains bien, oui, je crains que la résurrection n'ait pas lieu de sitôt.

Une fois encore, avant que la lumière de ma vie ne s'éteigne, que mon cœur ne se brise, une fois encore avant de mourir, je voudrais jouir d'un amour de femme.

Et ce devrait être une blonde, aux yeux doux comme le clair de lune; car, avec les soleils incendiaires des fougueuses brunettes, cela finirait mal pour moi.

La jeunesse veut la force de la vie, et le tumulte de la passion : c'est une fureur, des serments, un vacarme, et des tortures d'âme réciproques.

Aujourd'hui que je ne suis plus ni jeune, ni tout à fait valide, je voudrais encore une fois aimer, m'enthousiasmer d'amour, et être heureux, — mais sans bruit.

## LES ÉTOILES

Le pied atteint si facilement les fleurs ; aussi la plupart sont-elles foulées ; on passe, et on écrase les timides comme les hardies.

Les perles reposent dans les écrins de la mer : on finit pourtant par les atteindre, puis on perce un trou et on les met sous le joug, sous le joug des cordons de soie.

Les étoiles sont avisées, elles se tiennent à bon droit loin de notre terre ; dans une éternelle sécurité, comme des luminaires du monde, elles restent fixées à la tente du ciel.

---

## MORPHINE

Grande est la ressemblance de ces deux belles figures d'adolescents, bien que l'un paraisse beaucoup plus pâle que l'autre, bien plus sévère aussi, je dirais presque plus hautain que lui. Comme ce dernier m'a entouré familièrement de ses bras ! Comme son sourire, alors, fut affectueux et doux, et son regard heureux ! Il a bien pu se faire que la guirlande de pavots de sa tête ait touché aussi mon front, et que ses parfums étranges aient dissipé toutes mes douleurs. Mais cet adoucissement ne dure que peu : je ne pourrai complètement guérir que lorsque l'autre frère, si sérieux et si pâle, renversera son flambeau. Le sommeil est bon, — la mort est meilleure : mais le meilleur encore serait de n'être jamais né.

―――

## VOEUX STÉRILES

Attirés l'un vers l'autre par la ressemblance de nos âmes, nous étions, au temps de notre jeunesse, plus liés ensemble que nous ne le pensions nous-mêmes.

Tous deux loyaux et modestes, nous pouvions facilement nous entendre; les mots étaient superflus, nous n'avions qu'à nous regarder.

Oh! combien j'ai ardemment désiré de pouvoir toujours rester près de toi, comme un brave frère d'armes d'un *dolce far niente*.

Oui, mon vœu le plus cher fut de rester toujours près de toi! Tout ce qui t'aurait plu, je l'eusse fait par amour fraternel.

J'aurais mangé les plats que tu aimais, et éloigné

ceux qui ne t'agréaient pas. J'aurais appris même à fumer des cigares.

J'aurais recommencé sans cesse à te raconter, dans le dialecte de Judée, mainte histoire polonaise qui te faisait toujours rire.

Oui, je voulais revenir près de toi, et ne plus vagabonder à l'étranger ; je voulais réchauffer mes genoux au foyer de ton bonheur.

Songes d'or ! Bulles de savon ! Tout s'écoule comme ma vie, hélas ! Je suis maintenant cloué au sol : jamais plus je ne m'en relèverai.

Adieu ! Ils sont évanouis, les rêves d'or, les doux espoirs ! Ah ! il fut trop mortel le coup qui m'a atteint juste au cœur !

―――

## ANNIVERSAIRE

Le jour anniversaire de ma mort, on ne chantera point de messe, on ne dira point de *Kadosch*[1], — ni paroles, ni prières.

Mais peut-être ce jour-là, si le temps est doux et beau, dame Mathilde ira faire, avec Pauline, une promenade à Montmartre.

1. Hébreu : *Saint*.

Elle viendra orner ma tombe d'une couronne d'immortelles, et, les yeux humides, elle dira avec un soupir : « Pauvre homme ! »

Malheureusement, je demeure beaucoup trop haut, et je n'ai point de siège à offrir à ma bien-aimée : hélas ! ses pieds fatigués chancellent.

Douce et grosse enfant, je ne veux pas que tu retournes à pied à la maison : la station des fiacres est à la barrière.

---

## REVOIR

Dans le bosquet de chèvrefeuille, — un soir d'été, nous étions assis comme autrefois à la fenêtre : la lune se leva avec sa clarté qui ranime et console, — mais nous étions comme deux spectres.

Il s'était passé douze années depuis que nous avions été assis là, la dernière fois : les tendres ardeurs, les grandes flammes s'étaient éteintes dans l'intervalle.

J'étais là monosyllabique. La grande parleuse, au contraire, la femme remuait constamment les vieilles cendres de l'amour; pas la plus petite étincelle ne s'y ranimait.

Elle racontait comment elle avait toujours combattu les mauvaises pensées : une longue histoire! Combien sa vertu avait chancelé! Je faisais là un sot visage.

Quand je chevauchai à la maison, les arbres couraient à mes côtés, au clair de lune, comme des esprits. Des voix douloureuses retentissaient ; — pourtant, les morts et moi nous chevauchions vite.

―――

## L'INQUIÉTUDE

Dans mes heureux jours de soleil, la danse des moucherons frétillait gaiement. Les bons amis m'aimaient, et partageaient fraternellement avec moi mon meilleur rôti, et mon dernier écu.

Le bonheur est loin, la bourse vide, et je n'ai plus d'amis; l'éclat du soleil est éteint, la danse des moucherons a pris fin! Les amis, comme les mouches, s'envolent avec le bonheur.

Assise à mon chevet, dans les nuits d'hiver, veille l'inquiétude, ma garde-malade : elle porte un jupon blanc, un petit bonnet noir, et prise du tabac. La tabatière grince si horriblement! La vieille est si lourde, quand elle secoue la tête!

Parfois, je rêve que le bonheur et le jeune printemps sont revenus, et l'amitié, et les essaims de moucherons... Alors, la tabatière crie : Pitié, mon Dieu ! la bulle de savon crève, la vieille se mouche.

---

## AUX ANGES

C'est la méchante Mort ; elle arrive montée sur un cheval fauve ; j'entends le coup de son sabot, j'entends le trot ; le sombre cavalier vient me quérir, il m'entraîne, — il faut que je quitte Mathilde ! Oh ! mon cœur ne peut se faire à cette pensée.

Elle était ma femme et mon enfant tout ensemble, et si je vais dans le royaume des ombres, elle sera veuve et orpheline ! Je laisse seule au monde la femme, l'enfant qui, se fiant à mon courage, reposait fidèle et sans inquiétude sur mon cœur.

Anges du ciel, vous comprenez mes sanglots et mes prières : quand je serai dans la fosse noire, gardez la femme que j'ai aimée, soyez les boucliers protecteurs de celle qui vous ressemble. Protégez la ! Veillez sur Mathilde, ma pauvre enfant.

Par toutes les larmes que j'ai jamais pleurées sur

les souffrances de notre humanité, par la parole que le prêtre seul connaît, et qu'il ne prononce jamais sans frissonner, par votre beauté, votre grâce, et votre douceur, anges, je vous en conjure, protégez Mathilde!

## HÉLÈNE [1]

Tu m'as rappelée du tombeau par ta parole magique, tu m'as ranimée avec la flamme des voluptés : maintenant, tu ne peux étancher cette ardeur.

Presse ta bouche sur ma bouche : le souffle de l'homme est divin ! Je boirai toute ton âme : insatiables sont les morts.

## MAUVAIS RÊVE

Je rêvais que j'étais redevenu jeune et gai : c'était la maison de campagne, bien haut, sur l'escarpement de la colline; je descendais le sentier, avec Ottilie, la main dans la main, en courant à qui mieux mieux.

1. Primitivement, épigraphe du poème-ballet de *Faust*.

Comme la petite personne est bien faite ! Ses doux yeux, vert de mer, clignaient comme ceux des fées : elle se tient si ferme sur ses petits pieds, la grâce unie à la force.

Le son de sa voix est si intime et si fidèle ! Il semble qu'on voit jusqu'au fond de son âme, et tout ce qu'elle dit est prudent et plein de sens ; sa bouche est comme un bouton de rose.

Ce n'est pas le mal d'amour qui se glisse en moi ; je ne suis pas enivré, je reste de sens rassis : toutefois, son être m'étourdit étrangement, et, tremblant, je baise sa main.

Je crois qu'à la fin je cueillis un lis, et le lui donnai en disant tout haut : « Épouse-moi, Ottilie, et sois ma femme, afin que je sois pieux et heureux comme toi ! »

Ce qu'elle répondit, je ne le saurai jamais, car je m'éveillai tout à coup, et me retrouvai, dans ma chambre désolée, pauvre malade étendu là depuis des années.

## ELLE S'ÉTEINT

Le rideau tombe, la pièce est finie : dames et messieurs s'en vont à la maison. La pièce leur a-t-elle plu? Il me semble avoir entendu des applaudissements. L'honorable public a battu des mains avec gratitude pour son poète. Mais la scène est si muette maintenant! Joie et lumière, tout s'est éteint.

Pourtant, écoutez! Un bruit étrange se fait entendre non loin de la scène vide; — peut-être la corde de quelque vieux violon a-t-elle sauté. Quelques rats, dans le parterre, trottinent désagréablement çà et là, et tout sent l'huile rancie. La dernière lampe fait entendre un sifflement désespéré, et s'éteint. La pauvre lumière était mon âme.

———

## DERNIÈRE VOLONTÉ

Maintenant que ma vie tend à sa fin, je fais aussi mon testament; je veux, en bon chrétien, faire des legs à mes ennemis.

Ces dignes et vertueux antagonistes doivent hériter de toutes mes infirmités, mes souffrances et mes misères.

Je leur lègue les coliques qui pincent le ventre avec des tenailles, les difficultés d'uriner, les perfides hémorroïdes prussiennes.

Vous aurez mes crampes, mon flux de bouche, et mes convulsions, ma phtisie de la moelle épinière, tous beaux dons de Dieu.

Codicille au testament : Que le Seigneur précipite votre souvenir dans l'oubli! Qu'il extirpe votre mémoire.

---

## ENFANT PERDU

Sentinelle perdue dans la bataille de la liberté, voici trente ans que je reste fidèle à mon poste. J'ai combattu sans espoir de vaincre : je savais que je ne reviendrais jamais sain et sauf au logis.

J'ai veillé jour et nuit : il ne m'était pas permis de dormir sous une tente comme la troupe de mes camarades (et puis les bruyants ronflements de ces braves me tenaient éveillé quand je me sentais un peu somnolent).

Souvent, dans ces nuits, l'ennui m'a saisi, — la crainte aussi (il n'y a que les fous qui ne craignent rien) : pour les mettre en fuite, je sifflais alors les rimes effrontées d'un chant moqueur.

J'étais là, veillant attentif, l'arme au bras, et quelque

blanc-bec suspect s'approchait-il, je tirais juste, et j'envoyais dans le ventre de l'impertinent, une balle toute chaude.

Parfois, il est vrai, il put se faire qu'un mauvais drôle de cette espèce savait fort bien tirer aussi... Hélas! je ne puis le nier! Mes blessures se rouvrent, mon sang s'écoule.

Un poste est vacant! — Mes blessures s'ouvrent, — l'un tombe, les autres marchent en avant, — mais je tombe invaincu, et mes armes ne sont pas brisées, — mon cœur seul était brisé.

# MÉLODIES HÉBRAIQUES

## LA PRINCESSE SABBAT

Dans le livre des contes arabes, nous voyons des princes maudits qui, leur moment venu recouvrent leur belle figure primitive.

Le monstre velu a été un fils du roi, richement vêtu et paré brillamment, jouant d'ailleurs de la flûte comme un prince amoureux.

Mais le délai magique a pris fin, et nous revoyons tout à coup Son Altesse royale sous une peau de bête.

Je chante aujourd'hui un prince dont le destin est tout semblable. Il s'appelle Israël. Une formule de sorcière l'a métamorphosé en chien.

Sous la forme d'un chien, avec des pensées dignes de sa race, il vague à travers la fange et le fumier de la vie, conspué par les gamins des rues.

Mais chaque vendrdi soir, à l'heure du crépuscule, le charme est tout à coup rompu, et le chien redevient une créature humaine.

Homme avec des sentiments humains, la tête et le front hauts, habillé de fête et presque propre, il entre sous les portiques de son Père.

« Je vous salue, parvis aimés du roi mon père. Tabernacles de Jacob, ma bouche baise les poteaux de vos portes ! »

Un chuchotement, un bruissement mystérieux remplit la maison, et le maître invisible de cette demeure respire lugubrement dans le silence.

Silence ! Le sénéchal seul (*vulgo* le bedeau de la synagogue) court affairé de bas en haut pour allumer les lampes.

Les chandeliers d'or qui promettent la consolation, comme ils brillent, comme ils reluisent ! Les cierges aussi, comme ils flamboient orgueilleusement sur le rebord de l'Almemor !

Devant l'armoire où l'on garde la *Thora*[1], et qui est tendue de précieuses draperies de soie, étincelantes de pierreries, —

Là, près du pilier de son prie-Dieu, se tient déjà le chantre de la communauté, joli petit homme qui porte coquettement sur son épaule le petit manteau noir.

---

1. La Loi, le livre de la Loi.

Pour montrer sa main blanche, il la lève près de son cou, appuyant d'une façon singulière l'index sur sa tempe, et le pouce sur sa gorge.

Il fredonne à voix basse, jusqu'à ce qu'enfin tout jubilant il élève la voix et chante : « Lecho Daudi Likras Kalle! »

« Lecho Daudi Likras Kalle, — Viens, bien-aimé, déjà t'attend la fiancée qui dévoilera pour toi son visage rougissant! »

Ce joli chant de noce a été composé par le grand et très illustre minnesinger, Don Jehuda ben Halévy.

On célèbre dans cette hymne les fiançailles d'Israël avec la princesse Sabbat, que l'on nomme la princesse tranquille.

Cette princesse est la perle et la fleur de toute beauté. La reine de Saba, l'intime amie de Salomon n'était pas la plus belle.

Ce bas bleu d'Éthiopie, qui voulait briller par l'esprit, et, avec ses fines énigmes, devenait fatigante à la longue.

La princesse Sabbat, qui est la tranquillité personnifiée, déteste tout combat et tout débat d'esprit.

Elle ne déteste pas moins la passion trépignante et

déclamatrice, ce pathos qui se précipite les cheveux dénoués et épars.

La princesse tranquille cache modestement ses tresses sous une coiffe; son regard est aussi doux que celui de la gazelle, elle brille aussi élancée qu'une addas.

Elle permet tout à son bien-aimé, tout, excepté de fumer du tabac : « Cher bien-aimé, fumer est défendu parce que c'est aujourd'hui sabbat.

» Mais, en compensation, fumera aujourd'hui, à midi, sur ta table, un plat qui est vraiment divin; aujourd'hui tu mangeras du schalet ! »

« Schalet, belle étincelle divine, fille de l'Élysée! » Ainsi s'exprimerait l'hymne de Schiller, s'il avait jamais goûté du schalet.

Le schalet est le mets du ciel, que le bon Dieu lui-même apprit à cuire à Moïse sur la montagne de Sinaï,

Où le Tout-Puissant promulgna en même temps, au milieu des éclairs, toutes les bonnes doctrines de la foi, et les dix saints commandements.

Le schalet est l'ambroisie du vrai Dieu, le pain exquis du paradis, et, comparée à ce mets-là,

L'ambroisie des faux dieux païens de la Grèce, qui

étaient des démons déguisés, n'est autre chose que les vains excréments du diable.

Quand le prince mange du schalet, son œil brille comme transfiguré, et il déboutonne son gilet, et, avec un sourire de bienheureux :

« N'entends-je pas, dit-il, murmurer le Jourdain ? N'est-ce pas là les sources du val des palmiers de Béthel, où paissent les chameaux ?

» N'entends-je pas les clochettes des troupeaux ? N'est-ce pas là les grasses brebis que le pâtre ramène le soir des montagnes de Galaad ? »

Mais le jour commence à s'obscurcir : avec ses longues jambes d'ombre, s'approche l'heure fatale de la malédiction ; le prince soupire.

Il lui semble que des doigts de sorcière, froids comme la glace, enserrent son cœur. Les frissons de la métamorphose canine parcourent déjà son corps.

La princesse tend au prince sa boîte d'or pleine de nard. Il aspire lentement, il veut s'enivrer encore une fois de ces doux parfums.

La princesse offre aussi au prince la coupe des adieux : il boit à la hâte, et, dans la coupe, il ne reste que quelques gouttes.

Il en humecte la table, prend ensuite une petite bougie de cire, et la plonge dans l'humidité où elle pétille et s'éteint.

## JÉHUDA BEN HALÉVY

### FRAGMENT

« Le chant que le lévite Jéhuda a chanté est entrelacé comme un diadème magnifique sur la tête de la Synagogue, — comme un collier de perles il entoure son cou ; lui, la colonne et le pilier du temple du chant, qui séjourne dans les portiques de la science, et brandit puissamment la lance de la poésie, lui, le vainqueur et le maître, il a terrassé les géants du chant. — Ses hymnes ôtent au sage le courage poétique ; devant lui la force et l'ardeur d'Assaph et de Jéduthan, et le chant des Coraïtes, paraissent trop longs. — Il a pénétré dans les greniers de la poésie, et en a pillé les réserves ; il a enlevé les vases les plus magnifiques ; il est sorti, et a fermé la porte pour que personne n'y entre après lui. — A ceux qui suivent les traces de ses pas, pour apprendre l'art de ses chants, il n'a pas été donné d'atteindre la poussière de son char triomphal. — Tous les chantres ont ses paroles dans la bouche, — et baisent l'empreinte de son pied. — Car, dans les œuvres de l'art de la parole, se montre la vigueur et la puissance de sa langue. — Avec ses prières, il entraîne les cœurs et les maîtrise ; — dans ses chants d'amour doux comme la rosée, et brûlants comme des charbons ardents, — et dans ses accents de plaintes, — il laisse couler à torrents le nuage des larmes ; — dans les lettres et les écrits qu'il compose, — tout est poésie. »

(Rabbin SALOMON AL-CHARISI, *sur le rabbin Jéhuda ben Halévy.*)

### I

« Que ma langue s'attache à mon palais, et que ma main droite se dessèche, si jamais je t'oublie, Jérusalem. »

L'air et les paroles incessamment bourdonnent dans ma tête aujourd'hui : il me semble que j'entends des voix, des voix d'hommes, qui psalmodient.

Parfois des barbes apparaissent aussi, de longues barbes touffues : figures des rêves, laquelle d'entre vous est Jéhuda ben Halévy ?

Mais elles passent et disparaissent rapidement : les spectres redoutent avec angoisse les appels grossiers des vivants ; — pourtant je l'ai reconnu !

Je le reconnais à son front pâle et orgueilleux de pensées, à la douce fixité de ses yeux qui me regardent comme pour m'interroger tristement.

Mais en même temps, je le reconnais au sourire énigmatique de ses belles lèvres rythmiques, comme on n'en voit qu'aux poètes.

Les années viennent et passent. Depuis que Jéhuda ben Halévy est né, il s'est écoulé sept cents cinquante ans.

Il a vu le jour pour la première fois à Tolède en Castille, et le Tage aux reflets d'or lui a murmuré son chant de berceau.

Son père développa sévèrement et de bonne heure son esprit : il commença son instruction avec le livre de la Loi, la Thora.

Il la lisait avec son fils dans le texte primitif, dont l'antique écriture chaldéenne, la belle écriture carrée aux hiéroglyphes pittoresques,

Remonte à l'enfance de notre monde, et pour cela sourit si familièrement à toute âme enfantine.

L'enfant récitait aussi ce vieux texte primitif, en le chantonnant dans la manière antique et traditionnelle appelée Tropp.

Et il roulait dans sa gorge des plus agréablement ces grasses gutturales, et il entonnait en même temps les trilles du Schalscheleth, comme un oiseau.

L'enfant apprit aussi le Targum Onkelos, qui est écrit dans cet idiome de la basse Judée, que nous nommons l'araméen,

Qui est à la langue des prophètes à peu près ce qu'est le souabe à l'allemand; il apprit donc cet hébreu souabe;

Il l'apprit de bonne heure, et cette connaissance lui fut bientôt fort profitable pour l'étude du Talmud.

Oui, tout jeune, son père le guida vers le Talmud, et lui ouvrit la Halacha,

La Halacha, cette grande salle d'escrime, où les meilleurs dialecticiens de Babylone et de Pumpeditha ont fait leurs premières armes.

L'enfant put apprendre là tous les arts de la polémique : le livre de Cosari témoigna plus tard de la virtuosité qu'il y avait acquise.

Mais, de même que le ciel répand deux lumières différentes, la clarté perçante et dure du soleil, et la clarté plus douce de la lune,

Ainsi brille d'une double lumière le Talmud, et on le divise en Halacha et Hagada : j'ai nommé la première une école d'escrime ;

J'appellerai l'autre, c'est-à-dire la Hagada, un jardin, et des plus fantastiques, et qui ne se peut comparer qu'à ces autres jardins,

Qui sortirent autrefois aussi du sol de Babylone, les jardins de Sémiramis, la huitième merveille du monde.

La reine Sémiramis qui, enfant, avait été élevée par les oiseaux, et avait gardé de ceux-ci mainte particularité,

Ne voulait pas se promener platement sur la terre, comme nous autres mammifères, et elle planta ses jardins dans les airs ;

Bien haut, sur des colonnes colossales, apparaissaient dans leur éclat des palmiers et des cyprès, des orangers aux fruits d'or, des parterres de fleurs, des statues de marbre, et même des jets d'eau ;

Tout cela habilement et solidement relié par d'innombrables ponts suspendus, qui apparaissaient comme des plantes grimpantes, et où se berçaient les oiseaux,

De grands oiseaux bigarrés et sérieux, de profonds penseurs qui ne chantent pas, tandis que voltige autour d'eux le petit peuple des serins, qui tirilise gaiement.

Tous respirent avec délices un air pur et embaumé, qui n'est pas mélangé avec les viles exhalaisons, et les mauvaises odeurs de la terre.

La Halaga est un jardin de cette espèce, aérien, enfantin, capricieux, et le jeune talmudiste, quand son cœur était fatigué

Et obscurci des querelles de la Halacha, des disputes sur l'œuf fatal qu'une poule pondit un jour de fête,

Ou sur toute autre question de cette importance, l'enfant s'enfuyait alors pour se rafraîchir dans la florissante Hagada,

Où abondent les belles légendes du passé, récits angéliques, secrètes histoires de martyrs, chants solennels, sages sentences,

Et aussi des hyperboles extrêmement comiques, — mais tout cela plein de force et brûlant de foi, brillant et luxuriant ;

Et le noble cœur de l'enfant était saisi par la douceur aventureuse et sauvage, par les joies et les douleurs étranges,

Et les frissonements fabuleux de ce monde mystérieux et enchanté, de cette grande révélation, que nous appelons Poésie.

Mais la gaie science, la création gracieuse que nous appelons l'art de la poésie, s'ouvrit aussi à l'esprit de l'enfant,

Et Jéhuda ben Halévy ne fut pas seulement un savant dans les Écritures, mais un maître dans l'art de la poésie, un grand poète.

Oui, il devint un grand poète, étoile et flambeau de son siècle, lumière et fanal de son peuple,

Une merveilleuse et grande colonne de feu de la poésie, qui précédait la douloureuse caravane d'Israël dans le désert de l'exil.

Son chant était pur et vrai comme son âme : quand le Créateur eut formé cette âme, satisfait de son œuvre,

Il lui donna un baiser, et le doux écho de ce baiser

palpite encore dans chacun des chants du poète que cette grâce a consacrés.

Ainsi, dans la vie comme dans la poésie, — le bien suprême est la grâce : celui qui le possède, ne peut pécher, ni en vers ni en prose.

Un tel poète par la grâce de Dieu, nous le nommons génie : il est roi irresponsable du royaume des pensées.

Il n'a à répondre qu'à Dieu et point au peuple. — Dans l'art, — comme dans la vie, — le peuple peut nous tuer, mais nous juger, jamais.

## II

« Nous étions assis près des eaux de Babel, et nous pleurions, nos harpes appuyées aux saules pleureurs, » — connais-tu encore le vieux cantique?

Connais-tu encore le vieil air qui, au commencement geint et bourdonne comme un chaudron bouillant sur le feu?

Depuis longtemps déjà, depuis des milliers d'années, bout aussi en moi une sombre douleur. Et le temps lèche ma blessure, comme le chien les ulcères de Job.

Merci, chien, de tes caresses, — mais cela ne peut qu'adoucir et rafraîchir : la mort seule peut me guérir ; mais, hélas ! je suis immortel.

Les années viennent et s'en vont; sur le métier du tisserand la navette affairée passe et repasse, court et revient en grondant : mais ce qu'elle tisse, nul tisserand ne le sait.

Les années viennent et s'en vont; les larmes humaines coulent sur la terre, et la terre muette les boit avidement.

Bouillonnements insensés ! Le couvercle saute. — Béni soit l'homme dont la main saisit ta jeune progéniture, et l'écrase contre la muraille !

Grâce à Dieu, les bouillons s'évaporent dans la chaudière qui finit par se taire peu à peu. Mon spleen se dissipe, mon sombre spleen de l'est-ouest.

Mon cheval ailé recommence à hennir gaiement, il semble secouer le cauchemar nocturne, et ses yeux intelligents m'interrogent :

« Chevauchons-nous de nouveau vers l'Espagne, vers le petit talmudiste qui est devenu un grand poète, vers Jéhuda ben Halévy ? »

Oui, il est devenu un grand poète, souverain absolu du monde des rêves, avec la couronne de roi des esprits, un poète par la grâce de Dieu,

Qui, dans ses sirventes sacrés, madrigaux et terzines, canzones et ghasèles, a versé toutes les flammes

De son âme baisée de Dieu. Vraiment, ce troubadour était né l'égal des meilleurs sonneurs de luth de la Provence,

Du Poitou, de la Guienne, du Roussillon, et de tous les autres pays où mûrissent les douces oranges, dans la galante chrétienté.

Doux pays des oranges de la galante chrétienté ! Comme ils embaument, comme ils resplendissent et résonnent dans le crépuscule du souvenir !

Beau monde des rossignols, où l'on n'adorait, au lieu du vrai Dieu, que le faux dieu de l'Amour et des Muses.

Des clercs, avec des couronnes de roses sur leur tonsure, chantaient des psaumes dans la gaie langue d'oc, et les laïcs, nobles chevaliers,

Chevauchant fièrement sur de hauts coursiers, raffinaient vers et rimes à la plus grande gloire de la dame qui servait joyeusement leur cœur.

Sans dame, point d'amour ; et une dame était aussi indispensable au minnesinger que le beurre pour une beurrée.

Le héros que nous chantons, Jéhuda ben Halévy, avait donc aussi une dame de ses pensées, mais celle-là était d'espèce particulière.

Ce n'était pas une Laure dont les yeux, astres mortels, avaient allumé, le jour du vendredi saint, dans le dôme, un illustre incendie;

Ce n'était pas une châtelaine qui, dans l'éclatante parure de la jeunesse, présidait aux tournois, et décernait la couronne de laurier;

Ce n'était pas un casuiste de la jurisprudence des baisers, ni une doctrinaire qui, dans une cour d'amour, professait sentencieusement;

Celle que le rabbin aimait était une pauvre petite bien-aimée, triste et douloureuse image de ruine, et elle s'appelait Jérusalem.

Dès ses premiers jours d'enfance, elle était déjà tout son amour; le nom seul de Jérusalem faisait déjà palpiter son cœur.

La joue empourprée, le jeune garçon se tenait debout, et écoutait, quand, des lointains pays du levant, arrivait à Tolède un pèlerin,

Racontant combien maintenant était désolé et souillé l'endroit où se voyait encore sur le sol la trace lumineuse du pied des prophètes;

Où l'air embaumait encore du souffle éternel de Dieu. « O spectacle de douleur ! » s'écria un jour un pèlerin, dont la barbe

Flottait blanche comme l'argent, tandis qu'à la pointe elle devenait noire comme si elle se rajeunissait ; —

Ce pouvait être un pèlerin tout à fait merveilleux ; ses yeux regardaient comme du fond d'une tristesse millénaire, et il soupirait : « Jérusalem,

» Jérusalem, la sainte ville populeuse, est devenue un désert où les démons des bois, les singes, les loups-garous, les chacals, font leur tapage infâme ;

» Où nichent, dans les murs, calcinés serpents et oiseaux de nuit ; où le renard, sous les riantes fenêtres en arceau, regarde avec complaisance.

» Çà et là apparaît parfois un esclave du désert, couvert de guenilles, qui fait paître dans le haut gazon son chameau bossu.

» Sur la sainte colline de Sion, où s'élevait la forteresse dorée, dont les splendeurs témoignaient de la magnificence du grand roi ;

» Là, cachés par les roses et les épines, il n'y a plus que de pâles débris qui semblent nous considérer avec tant de tristesse qu'on dirait qu'ils pleurent.

» Et l'on dit qu'ils pleurent en effet réellement une fois l'an, à chaque neuvième jour du mois d'Ab, et moi-même, les yeux en larmes,

» J'ai vu de grosses gouttes ruisseler des pierres énormes, et j'ai entendu les colonnes brisées du temple éclater en plaintes. »

Ces récits des pieux pèlerins éveillaient dans le jeune cœur de Jéhuda ben Halévy, le mal du pays de Jérusalem.

Langueur de poëte, pleine de pressentiments et de rêves, comme celle que ressentit un jour, dans son château de Blaye, le noble vidame,

Messire Geoffroy Rudel, quand les chevaliers qui revenaient de Terre Sainte, déclaraient hautement, au bruit des coupes,

Que la belle Mélisande, margrave de Tripoli, était une merveille de grâce et de vertu, la perle et la fleur de toutes les femmes.

Chacun sait que, pour cette dame, brûla dès lors le troubadour. Il la chanta, et le château de Blaye devint trop étroit pour lui.

Il dut partir. Il s'embarqua à Cette, tomba malade sur mer, et arriva mourant à Tripoli.

Là enfin il vit Mélisande des yeux de son corps, que

couvriront pourtant à la même heure les ombres du trépas.

Chantant son dernier chant d'amour, il mourut aux pieds de sa dame, Mélisande, margrave de Tripoli.

Merveilleuse analogie dans le destin des deux poètes! Si ce n'est que l'autre n'entreprit que dans la vieillesse son pèlerinage.

Lui aussi, Jéhuda ben Halévy, il mourut aux pieds de sa bien-aimée, et sa tête mourante reposa sur les genoux de Jérusalem.

### III

Après la bataille d'Arbelles, le grand Alexandre prit le pays et le peuple de Darius : cour et harem, chevaux et femmes,

Éléphants et dariques, couronne et sceptre, butin splendide, il mit tout dans les larges poches de son haut-de-chausses macédonien.

Dans la tente du grand roi qui s'était enfui pour que sa majesté elle-même ne fût pas empochée aussi, le jeune héros trouva un coffret,

Un petit écrin d'or, richement orné de fines sculptures, de pierres incrustées et de camées.

Ce coffret, qui était lui-même un joyau d'un prix inestimable, servait à garder les joyaux, les bijoux personnels du monarque.

Alexandre fit don de ceux-ci aux braves de son armée, souriant de ce que des hommes pussent prendre une joie enfantine à de petites pierres bigarrées.

Il envoya à sa chère mère une gemme précieuse, la plus belle de toutes; c'était l'anneau et le sceau de Cyrus, qui devint dès lors une broche.

A son vieux fesseur Aristote, il envoya un onyx, pour son grand cabinet d'histoire naturelle.

Dans le coffret était un fil de perles merveilleux, que la reine Atossa avait reçu un jour en présent du faux Smerdis,

(Pourtant les perles étaient véritables) — et le gai vainqueur les donna à une belle danseuse de Corinthe, du nom de Thaïs;

Celle-ci les portait dans ses cheveux, dénoués à la manière des bacchantes, quand elle dansait à Persépolis, dans la nuit incendiaire, et qu'elle jeta insolemment

Sa torche dans le palais du roi, si bien que les flammes flamboyaient bientôt à grand bruit, comme le feu d'artifice de la fête.

Après la mort de la belle Thaïs, qui mourut à Babylone d'une maladie babylonienne, ses perles furent vendues là, à l'encan,

Dans la salle de la Bourse. Un frocard de Memphis en devint adjudicataire, et les porta en Égypte, où plus tard elles parurent

Sur la table de toilette de Cléopâtre, qui pulvérisa la plus belle de ces perles, et l'avala mêlée avec du vin, pour se gausser d'Antoine.

Avec le dernier des Ommiades, le fil de perles vint en Espagne, et il serpentait au turban du calife de Cordoue.

Abdhérame III le portait dans les tournois comme un nœud du ruban, où il avait passé trente anneaux d'or et le cœur de Zuleima.

Après la chute de la domination more, les perles passèrent aussi aux chrétiens ; et tombèrent dans le trésor de la couronne de Castille.

Leurs Majestés catholiques, les reines d'Espagne s'en paraient dans les fêtes de cour, les combats de taureaux, les processions,

Ainsi que dans les autodafés, où, assises aux balcons, elles se délectaient au parfum de vieux juifs rôtis.

Plus tard Mendizabal, le petit-fils de Satan, mit ces perles en gage pour couvrir le déficit des finances.

C'est à la cour des Tuileries que le collier se montra la dernière fois, et il étincelait au cou de la baronne Salomon.

Ainsi advint-il aux perles. Le coffret eut moins d'aventures, Alexandre le garda pour lui-même.

Il y enferma les poèmes de son chantre favori, Homère, le poëte nourri d'ambroisie, et la nuit, au chevet de son lit,

Le coffret était placé : le roi s'endormait-il, il en sortait de lumineuses figures de héros qui se glissaient magiquement dans ses rêves.

Autres temps, autres oiseaux. — Moi aussi j'aimais autrefois les chants des hauts faits du fils de Pélée, ou d'Ulysse.

A mes yeux tout rayonnait alors de pourpre et d'or, des pampres couronnaient mon front, et les fanfares éclataient.

Silence! Mon orgueilleux char de triomphe est maintenant brisé; les panthères qui le traînaient ont péri ainsi que les femmes

Qui dansaient autour de moi au bruit des cymbales et des timbales, et moi-même, misérable impotent, je me roule désespéré sur la terre, — silence!

Silence ! il s'agit du coffret de Darius, et je pensais à part moi : Si je venais à posséder cet écrin,

Et que la détresse financière ne me forçât pas à le convertir immédiatement en espèces, j'y enfermerais les poésies de notre rabbin, —

Les chants de fête de Jehuda ben Halévy, ses chants de plainte, ses ghaseles, les Reisebilder de son pèlerinage, tout cela

Je le ferais transcrire, par le meilleur Zophar, sur le plus éclatant parchemin, et je mettrais ce manuscrit dans le petit coffret d'or.

Je placerais celui-ci sur la table auprès de mon lit, et quand mes amis viendraient et s'exclameraient sur la magnificence du petit écrin,

Sur ses bas-reliefs rares, si petits et en même temps si parfaits, et les incrustations de grandes pierres précieuses,

Je leur dirais en souriant : Ce n'est là que la grossière enveloppe qui renferme un trésor plus précieux ; ici, dans ce petit coffret,

Se trouvent des diamants dont l'éclat est l'image et le reflet du ciel, des rubis pourprés comme le sang du cœur, des turquoises sans taches,

Des émeraudes aussi de la Terre promise, des perles

plus pures encore que celles qu'avait données une fois le faux Smerdis à la reine Atossa,

Et qui plus tard ont paré toutes les notabilités de cette terre sublunaire, Thaïs et Cléopâtre,

Prêtres d'Isis, princes mores, les reines d'Espagne aussi, et enfin haute et puissante dame, la baronne Salomon;

Et pourtant ces perles d'une célébrité universelle ne sont que le flegme pâle d'une pauvre huître de bile et malade au fond de la mer,

Tandis que les perles de cet écrin sont sorties d'une belle âme d'homme, dont les abîmes étaient plus profonds encore que ceux de l'océan,

Car ce sont les larmes-perles de Jehuda ben Halévy, les larmes qu'il pleura sur la ruine de Jérusalem,

Perles qui réunies par le fil d'or de la rime, sous le marteau d'or de la poésie, sont devenues un cantique.

Ce cantique de perles et de larmes est la plainte célèbre qui se chante dans toutes les tentes de Jacob dispersées sur la terre,

Le neuvième jour du mois appelé Ab, le jour anniversaire de la destruction de Jérusalem, par Titus Vespasien.

Oui, c'est le chant de Sion que Jehuda ben Halévy a chanté quand il est mort sur les saintes rives de Jérusalem ;

Les pieds nus, en souquenille de pénitent, il était assis là sur un débris de colonne renversée; jusque sur sa poitrine,

Tombaient comme une forêt grise ses longs cheveux ombrageant à l'aventure sa pâle figure aux yeux de fantôme ;

Ainsi il était assis là et il chantait, semblable à un voyant du passé ; on eût cru voir le vieux Jérémie sorti du sépulcre.

Les gémissements sauvages de son chant semblaient apprivoiser les oiseaux des ruines, et les vautours s'approchaient attentifs, presque compatissants;

Mais un impie Sarrasin se balançant sur l'étrier, et brandissant du haut de son cheval sa lance brillante, passa sur le chemin,

Il enfonça le fer mortel dans la poitrine du pauvre chanteur, et repartit au galop comme une ombre ailée.

Le sang du rabbin coulait lentement; tranquillement il chanta son chant jusqu'à la fin, et son dernier soupir fut : Jérusalem ! —

Une vieille légende rapporte que ce Sarrasin n'était

pas du tout un méchant homme, mais un ange déguisé,

Qui avait été envoyé du ciel pour enlever à cette terre le favorisé de Dieu, et l'introduire sans souffrance, dans le royaume des bienheureux.

Là-haut l'attendait, dit-on, un accueil tout particulièrement flatteur pour le poëte, une surprise céleste.

Le chœur des anges vint solennellement à sa rencontre avec de la musique, et l'hymne qui le salua, ce furent ses propres vers,

Ce chant de noces de la synagogue, cet épithalame sabbatique, aux mélodies jubilantes bien connues : quels accents !

De petits anges soufflaient dans des haut-bois, de petits anges jouaient de la viole, d'autres de la contrebasse, ou frappaient les timbales.

Et tout cela chantait et résonnait avec tant de charme et de grâce, et, dans les vastes espaces du ciel, se répétaient ces mots : « Lecho Daudi Likras Kalle! »

IV

Ma femme n'est pas satisfaite du chapitre qui précède, tout particulièrement de ce qui regarde la cassette de Darius,

Elle remarque presque avec amertume qu'un mari vraiment religieux ferait tout de suite de l'argent avec cette cassette,

Afin d'en acheter un cachemire pour sa pauvre femme légitime, qui en a si fort besoin.

Jehuda ben Halévy, pense-t-elle, serait suffisamment bien placé dans un étui de carton,

Avec d'élégantes arabesques chinoises comme les jolies bonbonnières de Marquis, au passage des Panoramas,

« Chose singulière, — ajoute-t-elle, — que je n'aie jamais entendu nommer ce grand nom de poète, Jehuda ben Halévy. »

Chère enfant, — lui dis-je, — cette charmante ignorance trahit les lacunes de l'éducation française

Des pensionnats de Paris, où sont instruites les jeunes filles, ces futures mères d'un peuple libre.

Vieilles momies, Pharaons d'Égypte empaillés, ombres des rois mérovingiens, perruques non poudrées,

Même les monarques à queue de la Chine, empereurs de pagodes en porcelaine, elles apprennent tout cela par cœur, les savantes filles, mais, ô ciel!

Leur demande-t-on les grands noms du grand âge d'or de l'école arabe et espagnole, des poètes juifs,

Les interroge-t-on sur ces trois astres de la poésie, Jehuda ben Halevy, Salomon Gabirol, et Mosès Iben Esra, —

S'informe-t'on de noms semblables, alors les petites nous regardent avec de grands yeux, comme les génisses sur la montagne.

Je te conseillerais volontiers, bien-aimée, de réparer le temps perdu et d'apprendre l'hébreu : laisse les théâtres et les concerts,

Consacre quelques années à cette étude, et tu pourras lire alors dans l'original Iben Esra et Gabirol,

Et, cela va sans dire, Halévy, — ce triumvirat de la poésie qui a dérobé jadis les plus beaux accords à la harpe de David.

Alcharisi qui, je parie, ne t'est pas moins inconnu, bien que, diseur de bons mots à la française, il ait dépassé Hariri lui-même

Dans le domaine de la Makame, et qu'il ait été voltairien six cents ans déjà avant Voltaire, cet Alcharisi disait :

« Gabirol brille par la pensée, et plaît surtout aux penseurs; Iben Esra brille par l'art, et agrée surtout aux artistes;

» Mais Jehuda ben Halévy a les qualités de tous deux; Jehuda est un grand poète et le favori de tous les hommes. »

Iben Esra était l'ami, et je crois même le cousin de Jehuda ben Halévy, qui, dans son livre du Pèlerin,

Se plaint douloureusement d'avoir en vain cherché son ami à Grenade, et de n'y avoir trouvé que l'ami de celui-ci,

Le medicus rabbi Meyer, un poète aussi, et le père de cette belle qui embrasa le cœur d'Iben Esra d'une flamme sans espoir.

Pour oublier sa petite parente, il prit le bâton du pèlerin ; comme maint autre de ses collègues, il vécut errant, sans patrie.

Pèlerinant vers Jérusalem, il fut attaqué par des Tartares qui, l'ayant lié sur un cheval, l'entraînèrent dans leurs steppes.

Là, il dut faire des corvées qui sont indignes d'un

rabbin, et plus encore d'un poète : en effet, il lui fallut traire des vaches.

Un jour qu'il était accroupi sous le ventre d'une vache, jouant activement des doigts avec ses pis, pour que le lait coulât dans le baquet, —

Position indigne d'un rabbin et d'un poète, — alors une profonde tristesse le prit, et il se mit à chanter,

Et il chanta d'une manière si belle et si aimable, que le Khan, le prince de la horde, qui passait là, fut ému, et donna la liberté à son esclave.

Il lui fit aussi des présents, une peau de renard, une longue mandoline sarrasine, et l'argent nécessaire pour retourner dans son pays.

Destinée des poètes ! Mauvaise étoile qui poursuit toujours jusqu'à la mort les fils d'Apollon, et n'a pas même épargné leur père,

Lorsque courant après Daphné, au lieu du corps blanc de la nymphe, il ne saisit que le laurier, lui, le divin Schlemihl !

Oui, le grand Delphien est un Schlemihl, et le laurier même qui couronne si orgueilleusement son front est un signe de schlemihlisme.

Ce que veut dire le mot de Schlemihl, nous l'avons. Il y a longtemps déjà que Chamisso lui a donné droit de bourgeoisie en Allemagne, — au mot s'entend.

Mais son origine nous est restée inconnue comme les sources du Nil sacré; mainte nuit je me suis cassé la tête pour la découvrir.

A Berlin, il y a bien des années, je m'adressai pour cela à notre ami Chamisso : je cherchais une explication chez le doyen des Schlemihls.

Mais il ne put me satisfaire, et me renvoya à Hitzig qui lui avait trahi une fois le nom de son Pierre-sans-Ombre.

Tout aussitôt, je pris un droschki, et je me fis voiturer chez le conseiller criminel Hitzig, qui s'appelait Itzig autrefois [1].

Lorsqu'il était encore à Itzig, il rêva qu'il voyait son nom écrit au ciel précédé de la lettre H.

« Que signifie cette H? » se demanda-t-il. « Peut-être Herr Itzig, ou bien Heil'ger Itzig [2]? *Saint* est un beau titre,

« Mais pas de mise à Berlin. » Enfin, fatigué de chercher, il se nomma Hitzig, et les initiés savent seuls que dans l'H se cache un saint.

[1] Il y a là un jeu de mots intraduisible.
[2] *Herr Itzig*, Monsieur Itzig; *Heiliger Hitzig*, saint Itzig.

Saint Hitzig, — lui dis-je en arrivant chez lui, — il faut que vous m'expliquiez l'étymologie du mot de Schlemihl.

Le saint prit beaucoup de détours, il ne se souvenait pas bien, une excuse suivait l'autre, toujours comme chez les bons chrétiens, — jusqu'à ce qu'enfin,

Enfin tous les boutons sautèrent aux culottes de ma patience, et je me mis à jurer si fort, à dire tant de sacrilèges,

Que le pieux piétiste, pâle comme un mort, et les jambes tremblantes, se rendit bien vite, et me raconta ce qui suit : « Il est écrit dans la Bible qu'au temps du voyage à travers le désert, Israël fit souvent l'amour avec les filles de Canaan.

« Il arriva alors que Pinhas s'étant aperçu que le noble Simri avait commerce avec une femme de la race cananéenne,

» Plein de colère, saisit aussitôt son épieu, et tua Simri sur place. Ainsi est-il dit dans la Bible.

» Mais, de bouche en bouche, il s'est conservé dans le peuple une tradition d'après laquelle ce n'est pas Simri qui aurait été atteint par l'épieu de Pinhas,

» Mais que celui-ci, aveuglé par la colère, au lieu du pécheur a tué par mégarde un innocent, Schlemihl ben Zuri Schadday, » —

Ce dernier, Schlemihl I, est donc l'aïeul de la race des Schlemihls. Nous descendons de Schlemihl ben Zuri Schadday.

A la vérité, on ne rapporte de lui aucun acte héroïque : nous ne connaissons que son nom, et nous savons qu'il a été un Schlemihl.

Mais un arbre généalogique est estimé pour son âge, et non pas pour ses fruits : le notre compte trois mille ans.

Les années viennent et passent ; trois mille ans se sont écoulés depuis qu'est mort notre aïeul, messire Schlemihl ben Zurri Schadday.

Il y a longtemps aussi que Pinhas est mort, — mais son épieu s'est conservé, et nous l'entendons constamment siffler sur nos têtes.

Et il frappe les plus nobles cœurs : il a atteint Mosès Iben Esra aussi bien que Jehuda ben Halévy, et il a frappé aussi Gabirol, —

Gabirol, ce fidèle minnesanger tout consacré à Dieu, ce pieux rossignol dont Dieu était la rose,

Ce rossignol qui chantait tendrement ses chants d'amour dans l'obscurité de la nuit gothique du moyen âge !

Intrépide, insoucieux des gnomes et des spectres, et

de tout ce ramassis de mr/t et de folie qui *revenait* dans cette nuit,

Lui, le rossignol, il ne pensait qu'à son divin bien-aimé, auquel il sanglotait ses amours, et que magnifiaient ses chants de louange.

Gabirol ne vit que trente printemps sur la terre, mais la Renommée a fait retentir en tout pays la splendeur de son nom.

A Cordoue où il demeurait, il avait pour plus proche voisin un More qui faisait également des vers, et enviait la gloire du poète.

Entendait-il chanter le poète, la bile s'amassait dans son cœur, et la douceur de ces chants devenait pour l'envieux une amère tristesse.

Il attira de nuit dans sa demeure celui qu'il haïssait, le tua, et enfouit son cadavre derrière la maison, dans le jardin.

Mais voici que du sol où le corps était enterré, il sortit un figuier de la plus merveilleuse beauté :

Son fruit était étrangement allongé et d'une saveur merveilleuse; celui qui en mangeait tombait dans un ravissement plein de songes.

Il courut là-dessus dans le peuple beaucoup de discours à mots couverts, et de demi-confidences à la sourdine, si bien que cela vint aux illustres oreilles du calife.

Celui-ci examina lui-même ce phénomène du figuier, et nomma une commission d'enquête.

On procéda sommairement. Soixante coups de bambou sur la plante des pieds furent donnés au propriétaire de l'arbre qui avoua son crime.

Alors on arracha du sol l'arbre avec ses racines, et le cadavre de Gabirol apparut.

Il fut enseveli avec pompe, et pleuré par ses frères : le même jour le More fut pendu à Cordoue.

## DISPUTATION

Dans la grande salle, à Tolède, éclatent bruyamment les fanfares; le peuple accourt par troupes bigarrées au tournoi spirituel,

Ce n'est pas une joute séculière, nulle arme de fer ne brille, pas d'autre lance que la parole, la parole scolastique, aiguë et tranchante.

Ce ne sont pas de galants paladins, des serviteurs de dames qui combattent ici ; — les chevaliers de ce combat sont des capucins et des rabbins,

Au lieu du heaume, ils portent la coiffure des schabbes [1], et la capuce; un scapulaire et un Arbekanfees, sont l'armure dont ils s'enorgueillissent.

Qu'est-ce qu'est le vrai Dieu? Est-ce le grand Dieu hébreu, l'Unique, le grand Dieu immobile, dont le champion est le rabbin Juda le Navarrais?

Ou bien est-ce le Dieu triple, le Dieu d'amour des chrétiens, dont le chevalier est frère José, gardien des Franciscains?

Par la puissance des arguments, par les syllogismes de la logique et les citations d'auteurs qui font autorité,

Chacun des combattants veut réduire son adversaire *ad absurdum*, et démontrer la vraie divinité de son Dieu.

Il a été décidé que celui qui aurait le dessous dans la lutte, serait tenu d'embrasser la religion de son adversaire;

Que le juif se soumettrait au saint sacrement du baptême, et le chrétien, par contre, à la circoncision.

A chacun des deux champions se sont associés onze compagnons, résolus à partager sa bonne et sa mauvaise fortune,

[1] Du jour du sabbat.

Les moines qui accompagnent le gardien sont sûrs de la victoire : ils tiennent déjà prêts, pour le baptême, des baquets d'eau bénite.

Ils balancent déjà les goupillons, et les brillants encensoirs : cependant leurs antagonistes repassent sur la pierre leurs couteaux de circoncision.

Les deux troupes sont sous les armes, dans la salle, prêtes à entrer en lice, et la foule compacte du peuple attend impatiemment le signal.

Sous un baldaquin d'or, entourés d'un brillant cortège de courtisans, sont assis le roi et la reine ; celle-ci semble encore un enfant.

Un petit nez retroussé à la française, une expression de malice dans tous les traits, mais les rubis, toujours souriants, de sa bouche sont enchanteurs.

Belle et légère fleur, que Dieu la prenne en pitié ! — Des gais rivages de la Seine elle a été transportée ici, la pauvrette,

Ici, dans le pays de la roide grandesse espagnole ; naguère elle s'appelait Blanche de Bourbon, elle s'appelle Donna Blanka maintenant.

Le roi se nomme Pedro, avec le surnom de *cruel;* mais aujourd'hui, plein de mansuétude, il vaut mieux que son nom.

Il s'entretient de belle humeur avec les gentilshommes de la cour ; il dit même force gentillesses aux juifs et aux Mores.

Ces chevaliers sans prépuce sont les courtisans préférés du roi ; ils commandent ses armées, et administrent ses finances,

Mais tout à coup des éclats de timbales et de trompettes annoncent que le combat de paroles, la dispute des deux athlètes a commencé.

Le gardien des Franciscains éclate avec une pieuse fureur : sa voix est tour à tour tapageusement rude, et désagréablement plaintive.

Au nom du Père, du Fils, et du Saint-Esprit, il exorcise le rabbin, la maudite semence de Jacob.

Car, dans de semblables controverses, il y a souvent de petits diables qui se cachent dans le juif et le fournissent d'arguments, de saillies et d'habileté.

Une fois les diables expulsés par la puissance de l'exorcisme, le moine passe à la dogmatique, et dévide son catéchisme.

Il raconte que, dans la divinité, sont renfermées trois personnes, qui, pourtant, quand il le faut, se réunissent en une seule, —

Mystère que celui-là seul comprend qui s'est affranchi des chaînes et du cachot de la raison.

Il raconte comment Dieu, le Seigneur, est né à Bethléem, de la Vierge qui n'a jamais perdu sa virginité ;

Comment le maître Seigneur a été couché dans une crèche, auprès d'une petite vache et d'un petit bœuf, deux petites bêtes à cornes, fort dévotes.

Il redit comment le Seigneur avait fui en Égypte, devant les sergents d'Hérode, et plus tard souffert la rude peine de la mort,

Sous Ponce-Pilate, qui contresigna le jugement, à la sollicitation des durs pharisiens et du peuple juif.

Il raconta comme quoi le Seigneur, étant sorti de son sépulcre, déjà le troisième jour avait pris son vol vers le ciel ;

Mais que, lorsque les temps seraient venus, il redescendrait sur terre pour juger à Josaphat les morts et les vivants.

« Tremblez, Juifs ! s'écriait le moine, tremblez devant Dieu que vous avez martyrisé de coups et d'épines, et poursuivi jusqu'à la mort.

» C'est vous, peuple de la vengeance, c'est vous, Juifs, qui avez été ses meurtriers, et, encore aujourd'hui, vous tuez le Sauveur qui vient pour vous racheter.

» Peuple juif, tu es une charogne où habitent les démons; vos corps sont des casernes pour les légions du Diable.

» Thomas d'Aquin le dit, lui, que l'on nomme le grand bœuf de la science, la lumière et la joie des orthodoxes.

» Peuple juif, vous êtes des hyènes, des loups, des chacals, qui fouillez dans les sépulcres, avec une gloutonnerie sanguinaire, pour y déterrer les cadavres.

» Juifs, juifs, vous êtes des pourceaux, des babouins, des animaux qui ont une corne en guise de nez et que l'on nomme rhinocéros, des crocodiles, des vampires.

» Vous êtes des corbeaux, des hiboux, des grands-ducs, des chauves-souris, des huppes, des hulottes, des basilics, créatures de nuit, gibier de potence.

» Vous êtes des vipères, des orvets, serpents à sonnettes, crapauds venimeux, couleuvres, aspics : Christ écrasera votre tête maudite.

» Ou bien, voulez-vous, maudits, sauver vos pauvres âmes, fuyez la synagogue de malice, et réfugiez-vous dans les places saintes,

» Dans le dôme éclatant de l'amour, où, de bassins bénits, jaillit pour vous la source de la grâce : c'est là que vous devez cacher vos têtes,

» Pour y laver le vieil homme Adam, et les vices qui le noircissent, pour y nettoyer vos cœurs de la moisissure de votre haine surannée.

» N'entendez-vous pas la voix du Sauveur? Il vous appelle par votre nom nouveau; purifiez-vous sur son cœur de la vermine du péché!

» Notre Dieu est amour, et il ressemble à un agneau, et, pour payer notre dette, il est mort sur l'arbre de la croix.

» Notre Dieu est amour, Jésus-Christ est son nom; nous cherchons continuellement à imiter sa mansuétude et son humilité.

» C'est pour cela que nous sommes si doux, si affables, paisibles, débonnaires, ne disputant jamais, à l'exemple de l'Agneau réconciliateur.

» Un jour dans le ciel nous serons transfigurés en pieux angelets, et nous cheminerons là comme des bienheureux, avec des lis dans la main.

» Au lieu de notre froc grossier, nous porterons les vêtements les plus purs de mousseline, de brocart et de soie, des houppes d'or, des rubans bigarrés.

» Plus de tonsure! Des boucles dorées flotteront autour de nos têtes; de ravissantes jeunes filles tresseront nos cheveux en jolies queues.

» Il y aura là-haut des brocs de vin de dimensions bien autrement considérables que les coupes où écume ici-bas le jus des raisins.

» Mais, en échange, la mignonne bouche de femme qui là-haut sera notre partage, sera bien plus petite encore qu'une bouche de femme ici-bas.

» Buvant, baisant, riant, nous voulons passer le temps dans l'éternité, et chanter avec ravissement : *Alleluia! Kyrie eleison!* »

Ainsi conclut le chrétien. Les moinillons croyaient déjà que la lumière pénétrait dans les cœurs, et ils rapprochaient prestement les instruments du baptême.

Mais les juifs hydrophobes se secouent et ricanent insolemment. Alors le rabbin navarrais, Juda, commence ainsi son contre-discours :

« Afin d'engraisser par ta semence le sol aride de mon esprit, tu m'as bravement couvert de pleines charretées du fumier de tes injures.

» Ainsi chacun suit la méthode à laquelle il s'est accoutumé : au lieu de te rendre injure pour injure, je te remercie sans rancune.

» La doctrine de la trinité ne convient pas à nos gens qui, dès la première enfance, se sont familiarisés avec la règle de trois.

» Qu'il n'y ait que trois Personnes dans ton Dieu, c'est encore modeste ; il y avait bien six mille dieux chez les anciens.

» Le Dieu que vous avez l'habitude de nommer Christ, m'est inconnu ; je n'ai pas non plus l'honneur de connaître sa vierge mère.

» Je regrette qu'autrefois, il y a quelque douze cents ans, il ait éprouvé des désagréments à Jérusalem.

» Que les Juifs l'aient tué, cela est difficile à prouver maintenant, puisque le *corpus delicti* a disparu déjà le troisième jour.

» Il n'est pas moins contestable qu'il soit un parent de notre Dieu ; ce dernier n'a pas d'enfants, que nous sachions.

» Notre Dieu n'est pas mort pour l'humanité comme un pauvre petit agnelet ; ce n'est pas un doux petit philanthrope, un étourdi.

» Notre Dieu n'est pas l'amour ; son affaire n'est pas de becqueter, car il est un Dieu tonnant, un Dieu vengeur.

» Les foudres de sa colère frappent impitoyablement tous les pécheurs, et souvent les arrière-petits-enfants paient les dettes de leurs pères.

» Notre Dieu est vivant, et, dans les parvis de son ciel, il existe là-haut par delà les éternités.

» Notre Dieu est aussi un Dieu bien portant ; ce n'est pas une mythe blême et mince comme un pain à chanter la messe, ou une ombre du Cocyte.

» Notre Dieu est puissant ; il porte dans ses mains le soleil, la lune, les étoiles ; les trônes s'écroulent, les peuples s'évanouissent, quand il fronce les sourcils.

» Et il est un grand Dieu. David a dit que sa grandeur est incommensurable, et que la terre est son marchepied.

» Notre Dieu aime la musique, le son des harpes et le chant de fête, — mais le bruit des cloches lui est antipathique comme le grognement des petits cochons.

» Léviathan s'appelle le poisson qui fait sa demeure dans les profondeurs des mers ; avec lui le Seigneur Dieu s'amuse une heure chaque jour,

» Excepté le neuvième jour du mois d'Ab, où, comme on sait, son temple fut mis en cendres ; ce jour-là il était de mauvaise humeur.

» La longueur du Léviathan est de cent milles ; il a des nageoires grandes comme le roi Hog de Basan, et sa queue est comme un cèdre.

» Pourtant sa chair est délicate, plus délicate que celle de la tortue, et, au jour de la résurrection, le Seigneur invitera à sa table

» Tous les élus pieux, les justes et les sages, et ils mangeront alors du poisson favori de notre Seigneur Dieu,

» Partie en sauce blanche à l'ail, partie en sauce brune au vin, avec des épices et des raisins secs, à peu près comme la matelote ;

» Dans la sauce blanche à l'ail nagent de petites tranches de radis : ainsi accommodé, frère José, le petit poisson sera de ton goût, je parie !

» La brune est délectable aussi, je veux dire la sauce aux raisins secs ; elle conviendra divinement à ton petit ventre, frère José.

» Ce que Dieu cuit est bien cuit ! Moinillon, écoute mon conseil : sacrifie ton vieux prépuce, et régale-toi du Léviathan. »

Ainsi parla le rabbin, alléchant, amorçant, souriant en cachette, et les Juifs, grognant d'aise, brandissaient déjà leurs couteaux,

Pour scalper victorieusement les prépuces qui allaient leur échoir, véritables *spolia opima* de cet étrange tournoi.

Mais les moines tinrent fermes à la foi de leurs pères et à leurs prépuces, et ne se laissèrent pas ravir.

Après le Juif, le convertisseur catholique parla encore une fois : il recommence ses invectives ; chaque mot est un pot de nuit, et qui n'est pas vide.

Là-dessus le rabbin réplique avec une chaleur contenue ; bien que son âme bouillonne, il avale sa bile.

Il en appelle à la Mischna, commentaires et traités ; il tire aussi du *Tausfes Jontof*[1] beaucoup de citations probantes.

Mais quel blasphème ne doit-il pas entendre de la bouche du moine ! « Le *Tausfes Jontof* n'a qu'à aller au diable ! »

« — Alors tout est fini, ô Dieu ! s'exclame-t-il avec un cri d'horreur ; la patience lui échappe, et il entre en fureur :

» Si le Tausfes Jontof ne vaut plus rien, qu'est-ce qui vaudra quelque chose ? Malheur ! Malheur ! Punis, Seigneur, le crime, frappe le malfaiteur !

» Car le *Tausfes Jontof*, Seigneur, c'est toi-même qui l'es, et il faut que tu venges l'honneur de ton nom sur l'impie blasphémateur du *Tausfes Jontof!*

» Fais que l'abîme l'engloutisse, comme il engloutit la mauvaise clique de Coré, qui se révolta et complota contre toi.

» Fais tonner ton meilleur tonnerre ! Punis, mon

---

[1] *Tossefoth Jomtob*, — un commentateur du Talmud.

Dieu, le sacrilège ! N'avais-tu donc pas, à Sodome et à Gomorrhe de la résine, et du soufre ?

» Frappe, Seigneur, les capucins, comme tu as frappé Pharaon qui nous poursuivait lorsque nous décampions, bien chargés de bagage !

» Cent mille cavaliers cuirassés d'acier, des épées reluisantes dans leurs mains terribles, suivaient ce roi de Mitzraïm.

» Seigneur, tu as alors étendu ta dextre, et Pharaon et toute son armée furent noyés dans la mer Rouge comme de petits chats.

» Frappe, Seigneur, les capucins ! Montre à ces infâmes gredins que les foudres de ta colère ne sont pas éteintes.

» Alors, je chanterai et je dirai ta gloire, et je célébrerai tes hauts faits, et, en même temps, comme le fils Mirjam [1], je danserai, et je frapperai de la timbale. »

Le moine interrompit alors avec colère le forcené : « Puisse toi-même le Seigneur t'anéantir, toi, maudit et damné.

» Je puis braver tes diables, ton sale dieu chasse-mouches, Lucifer et Belzébuth, Bélial et Astaroth.

---

[1] Marie, sœur de Moïse.

« Je puis braver tes esprits, tes tristes farces infernales, car en moi est Jésus-Christ, j'ai goûté son corps.

» Christ est l'aliment de mon corps, il a beaucoup meilleur goût que le Léviathan avec ta sauce blanche à l'ail qu'a peut-être cuite Satan.

» Ah! au lieu de disputer, j'aimerais mieux te préparer en daube, ou te faire rôtir, toi et tes camarades, sur le bûcher le plus ardent. »

Ainsi se poursuit bruyamment le tournoi, tour à tour injurieux et sérieux, mais c'est inutilement que les champions crient, tempêtent, soufflent et font rage.

Voilà déjà douze heures que dure le combat, et on n'entrevoit pas la fin ; le public est fatigué et les femmes transpirent fort.

La cour aussi s'impatiente ; plus d'une suivante bâille un peu, le roi se tourne d'un air interrogateur vers la belle reine :

« Quel est votre avis, dites-moi? Qui de ces deux a raison? Vous prononcez-vous pour le rabbin ou pour le moine? »

Donna Blanka le regarde ; comme pour réfléchir,

elle appuie ses mains croisées sur son front, et dit à la fin :

« Lequel a raison ? Je ne sais. Mais je crois vraiment que le moine et le rabbin sentent mauvais tous les deux. »

# DERNIERS CHANTS

## VALLÉE DE LARMES

Le vent de la nuit siffle à travers les lucarnes, et dans le lit de la mansarde sont couchées deux pauvres âmes, — si pâles et si maigres !

L'une des pauvres âmes parle : « Serre-moi dans tes bras, presse étroitement ta bouche sur ma bouche, je veux me réchauffer à toi. »

L'autre âme dit : « Quand je vois tes yeux, ma misère s'évanouit, je ne pense plus à la faim, au froid, à toutes mes souffrances d'ici-bas. »

Ils s'embrassèrent beaucoup, ils pleurèrent plus encore, ils se pressèrent les mains en soupirant, ils rirent parfois et chantèrent même, et se turent à la fin.

Le commissaire vint le matin, et avec lui un brave chirurgien qui constata la mort des deux cadavres.

« La rigueur de la température, dit-il, compliquée d'une viduité de l'estomac, a causé les décès de tous deux, ou l'a, tout au moins accéléré. »

Quand les gelées viennent, ajouta-t-il, il est indispensable d'y parer par des couvertures de laine. Il recommanda en même temps une nourriture saine.

---

## ÉDOUARD

Char funèbre empanaché, chevaux de deuil drapés de noir ! — A celui qu'on porte au tombeau, rien n'a réussi sur cette terre.

C'était un jeune homme. Il se serait volontiers égayé comme d'autres dans les banquets terrestres, — mais cela ne lui a pas réussi.

On lui versait amicalement le champagne perlé et écumeux, mais il restait la tête penchée, mélancolique, sérieux et songeur.

Parfois il laissait silencieusement tomber dans sa coupe une larme, tandis qu'autour de lui les buveurs faisaient éclater leur joie.

Maintenant, va dormir. Tu payeras plus gaiement tes veilles dans les salles du ciel, et aucun lendemain d'ivresse ne te tourmentera là comme d'autres.

---

## LE CHIEN VERTUEUX

Un barbet qui portait à bon droit le beau nom de Brutus, était fort renommé dans toute la contrée pour sa vertu et son intelligence. C'était un modèle de moralité, d'endurance et de retenue. On l'entendait vanter et célébrer comme un Nathan le Sage à quatre pattes. C'était une véritable perle de chien, si brave et si fidèle, une belle âme! Aussi son maître lui accordait-il en tout pleine confiance; il l'envoyait même chez le boucher. Le noble animal portait alors au museau un panier où le boucher mettait bien dépecée la viande de bœuf, de mouton ou de cochon. Comme tout cela exhalait un parfum appétissant! Pourtant Brutus n'y touchait pas, et, tranquille et sûr de lui-même, avec une dignité stoïque, il portait à la maison son précieux fardeau.

Mais, comme parmi nous, il y a, même dans la gent canine, une quantité de gredins, mâtins grossiers, fainéants envieux, maroufles qui sans goût pour les joies morales, gaspillent leur vie dans l'ivresse des sens. Ces pendards de chiens s'étaient conjurés contre Brutus, qui, fidèle et brave, son panier aux dents, n'avait pas dévié du sentier du devoir.

Et, un jour qu'il revenait de la boucherie et retournaît à la maison, il fut assailli tout à coup par les bêtes conjurées. Le panier de viande lui fut arraché, les meilleurs morceaux tombèrent à terre, et la meute affamée se jeta vorace sur le butin. Brutus d'abord considéra ce spectacle avec un calme philosophique. Mais quand il vit que tous les chiens festinaient et dévoraient ainsi, alors il prit aussi sa part du festin, et mangea lui-même une éclanche de mouton.

### MORALE.

Et toi, Brutus, tu manges toi aussi! s'écrie douloureusement le moraliste. Oui, les mauvais exemples sont corrupteurs : hélas! et semblable à tous les mammifères, le chien vertueux n'est pas absolument parfait, — il mange!

---

## CHEVAL ET ANE

Sur les rails de fer, rapides comme la foudre, passaient à grand bruit wagons et locomotive, avec un mât de cheminée vomissant fumée et étincelles.

Le train filait devant une ferme où un cheval blanc, allongeant le cou, regardait par-dessus la haie ; un âne près de lui broutait des chardons.

Le cheval suivit longtemps le train d'un œil fixe. Il tremble de tous ses membres, et soupire, et dit :
« Ce spectacle m'a terrifié.

» Véritablement, si je n'étais pas de nature un cheval blanc, ma peau, pâlissant de frayeur, serait devenue blanche.

» Juste ciel ! La race chevaline est menacée des plus terribles coups du destin. Tout blanc que je suis, je vois s'avancer un noir avenir.

» La concurrence de ces machines à vapeur nous tuera, nous autres chevaux : pour aller à cheval et en voiture, l'homme se servira de chevaux de fer.

» Et si l'homme peut se passer de nous pour cavalcader et courir la poste, adieu avoine ! adieu foin ! Qui, alors, nous nourrira ?

» Le cœur de l'homme est dur comme pierre ; il ne donnera rien pour rien. On nous chassera de l'écurie, nous périrons tous de faim.

» Nous ne pouvons ni emprunter ni voler comme les hommes. Nous ne savons pas flatter comme l'homme et le chien. Nous sommes voués à l'écorcheur ! »

Ainsi se lamentait le cheval, et il soupirait profondément. Entre temps, Longue-Oreille avait mangé deux têtes de chardons dans la plus parfaite tranquillité d'âme.

Il se lécha le museau, et se mit à parler d'un air débonnaire : « Pour moi, je ne veux pas dès aujourd'hui me casser la tête pour l'avenir.

» Vous autres fiers coursiers, vous êtes, il est vrai, menacés d'un lendemain terrible. Mais nous, modestes ânes, nous n'avons nul danger à craindre.

» Chevaux blancs et moreaux, chevaux pie ou alezans, on peut en définitive se passer de vous ; mais dame Vapeur, avec sa cheminée, nous remplacerait difficilement, nous autres ânes.

» Quelque parfaites que soient les machines forgées par les hommes, l'âne aura toujours son existence assurée.

» Le ciel n'abandonne point ses ânes, qui, paisiblement, dans le sentiment du devoir, trottinent chaque jour au moulin, comme l'ont fait leurs pieux ancêtres :

» La roue du moulin tourne, le meunier moud et met la farine dans le sac, je la porte au boulanger, le boulanger boulange, et l'homme mange pains et brioches.

» Dans ce cercle naturel, et qui existe de toute antiquité, le monde tournera toujours ; immuable comme la nature, l'âne subsistera à jamais. »

MORALE.

Le temps de la chevalerie est passé, et l'orgueilleux cheval doit mourir de faim, mais l'âne, le pauvre maroufle, ne manquera jamais ni d'avoine ni de foin.

---

## LA LIBELLULE

C'est la libellule bleue, la plus jolie personne du pays des scarabées. Les papillons sont passionnément épris de cette belle femme.

Elle est si fine de hanches, elle porte une robe à manches de gaze ; pleine d'harmonie dans ses mouvements, elle se dandine hardiment dans les airs.

Ses amants diaprés volent après elle, et maint jeune papillon fait tout haut ce serment : « Je te donne Hollande et Brabant, si tu veux répondre à ma passion. »

Alors la menteuse libellule répond : « Je n'ai pas besoin de Hollande ni de Brabant : il ne me faut qu'une petite étincelle de lumière pour éclairer ma chambrette. »

A peine ont-ils entendu, les amoureux s'envolent à

qui mieux mieux, cherchant de lieu en lieu, tout affairés, une petite étincelle de lumière pour la belle.

L'un voit-il une bougie, il s'y précipite comme aveuglé et ensorcelé, et la flamme dévore le pauvre papillon, lui et son cœur amoureux.

La fable est japonaise, cher enfant, mais il y a aussi des libellules en Allemagne, et même d'espèce particulièrement perfide et satanique.

---

## SOUVENIR D'HAMMONIA [1]

Des enfants orphelins, deux à deux, cheminent pieusement et gaiement, portant tous de petits habits bleus, tous ayant de petites joues rouges, — oh! les jolis orphelins!

Chacun les regarde attendri, et la tirelire résonne; de riches offrandes leur arrivent de mains paternelles inconnues, — oh! les jolis orphelins!

Des femmes pleines de sentiment baisent le petit nez morveux, et le petit museau de maint pauvre enfant, en lui donnant un petit cornet de sucreries, — oh! les jolis orphelins!

1. Hambourg.

Le petit juif Samuel jette d'un air honteux un écu dans la boîte, — car il a un cœur, — et, joyeux, il poursuit son chemin avec sa besace, — oh! les jolis orphelins!

Un pieux monsieur donne un louis d'or; auparavant, il regarde vers le ciel si le bon Dieu le voit, — oh! les jolis orphelins!

Portefaix, hommes de peine, tisserands, chôment aujourd'hui; ils videront mainte bouteille à la santé de ces mioches.

Hammonia, la déesse protectrice, suit incognito le cortège; elle balance fièrement les énormes masses de ses formes postérieures, — oh! les jolis orphelins!

Devant la porte, sur la verte pelouse, la musique retentit dans le grand pavillon pavoisé d'oriflammes; c'est là qu'on les fera festiner, ces jolis orphelins!

Ils sont assis là en longues rangées, ils consomment à l'aise une savoureuse bouillie, des tourtes, des gâteaux, des friandises, et ils grignotent comme de petites souris, ces jolis orphelins!

Par malheur, il me revient à l'esprit dans ce moment une maison d'orphelins où il n'y a point de régal aussi joyeux : là se lamentent misérablement des millions d'orphelins.

La chance n'est pas égale : là beaucoup se passent

de dîner; on n'y marche pas deux à deux; là cheminent solitaires et malheureux bien des millions d'orphelins.

## LE CANTIQUE DES CANTIQUES

Le corps de la femme est un poème que le Seigneur Dieu écrivit dans le grand album de la nature, étant poussé par l'Esprit.

Oui, l'heure était favorable; Dieu fut magnifiquement inspiré; il maîtrisa avec le plus grand art la matière réfractaire et rebelle.

De vrai, le corps de la femme est le Cantique des cantiques de la poésie; ces membres sveltes et blancs sont des strophes merveilleuses.

O quelle idée divine dans ce cou resplendissant, sur lequel se balance une petite tête, la pensée capitale toute bouclée!

Les boutons de rose du sein sont limés comme une épigramme; la césure qui le partage est ineffablement ravissante.

Le parallélisme des hanches trahit le créateur plastique; la proposition incidente, avec sa feuille de figuier, est aussi un beau passage.

Ce n'est point un poème abstrait, il a de la chair et des os, des pieds et des mains; il rit, il donne des baisers avec des lèvres bien rimées.

Ici respire la vraie poésie, grâce dans tous les mouvements, et le poème porte au front le sceau de la perfection.

Je veux te louer, ô Seigneur, et t'adorer dans la poudre. Auprès de toi, divin poète, nous ne sommes que des gâte-métiers.

Je veux m'abîmer, ô Seigneur, dans les splendeurs de ton poème; je consacre à cette étude mes jours, et aussi mes nuits.

Oui, nuit et jour je l'étudie; je ne veux pas perdre un moment : mes jambes deviennent si minces! C'est de trop étudier.

---

# LA CHANSON DE LA VIVANDIÈRE

### GUERRE DE TRENTE ANS

Et j'aime beaucoup les hussards, — je les aime fort! Je les aime sans distinction, les bleus et les jaunes,

Et j'aime fort les mousquetaires, — les mousquetaires je les aime, recrues ou vétérans, soldats ou officiers,

Cavalerie et infanterie, je les aime tous, les braves ! Dans l'artillerie aussi j'ai passé bien des nuits.

J'aime l'Allemand, j'aime le Français, les Welches et les Hollandais; j'aime le Suédois, le Bohême et l'Espagnol : c'est l'homme que j'aime en eux.

Quelle que soit sa patrie, quelle que soit sa confession, l'homme m'est cher et je l'apprécie, pourvu qu'il soit sain.

La patrie et la religion, ce n'est qu'affaire de costume. A bas l'enveloppe ! c'est l'homme que je veux presser sur mon cœur.

Je suis un homme, et je m'abandonne avec joie à l'humanité; et quant à celui qui ne peut pas payer, j'ai la craie et je fais crédit.

La guirlande verte, devant ma porte, rit à la clarté du soleil; et aujourd'hui je sers du malvoisie sortant tout frais d'un nouveau baril.

## CHENAPAN ET CHENAPANE

Tandis que Laure me tenait embrassé sur le lit de repos, monsieur son mari, le maître renard, subtilisait dans ma cassette mes billets de banque.

Me voilà maintenant les poches vides. Les baisers de Laure n'étaient-ils aussi que mensonges ? Hélas ! qu'est-ce que la vérité ? Ainsi dit Ponce Pilate, et il se lava les mains.

Ce monde méchant, si corrompu, je le quitterai bientôt ce mauvais monde. Je remarque que l'homme qui n'a point d'argent est déjà un homme à moitié mort.

Mon cœur languit après vous, âmes pures et loyales, qui habitez le royaume de la lumière. Là vous n'avez besoin de rien : aussi n'avez-vous pas besoin de voler.

---

## JEAN SANS TERRE [1]

« Adieu, ma femme, — disait Jean sans terre, — de nobles desseins m'appellent; une autre chasse m'attend : je vais ailleurs manquer mes coups;

1. L'archiduc Jean, 1848-1849.

» Je te laisse mon cor de chasse : quand je serai parti, tu pourras en jouer pour tuer le temps; tu as déjà appris ici à souffler du cornet de poste;

» Je te laisse aussi mon chien pour garder le château : quant à moi, que mon peuple allemand, fidèle comme un barbet, veille sur moi.

» Ils m'ont offert la couronne impériale; tant d'amour est presque à n'y pas croire. Ils portent mon image dans leurs cœurs et sur leurs têtes de pipes.

» Vous autres, Allemands, vous êtes un grand peuple, si simple et pourtant si bien doué. On ne s'aperçoit vraiment pas que c'est vous qui avez inventé la poudre.

» Je ne veux pas être votre empereur, je veux être votre père, et vous rendre heureux. O belle pensée ! Elle me rend aussi fier que si j'étais la mère des Gracques.

» Ce n'est pas avec la raison, c'est avec le cœur que je veux régir mon peuple; je ne suis pas un diplomate, et je ne sais pas politiquer.

» Je suis un chasseur, un homme de la nature, élevé dans les forêts avec les chamois et les bécasses, avec les chevreuils et les pourceaux; je ne fais pas de phrases ni de pantalonnades.

» Je ne leurre pas les gens avec des proclamations

et des réclames imprimées ; je dis simplement : Mon peuple, le saumon manque, contente-toi aujourd'hui de stockfisch.

» Si je ne te conviens pas comme empereur, prends le premier pouilleux venu : j'ai de quoi vivre sans toi, je n'ai jamais manqué de rien dans le Tyrol.

» C'est ainsi que je parle. — Maintenant, ma femme, adieu, je ne puis tarder plus longtemps ; le postillon du beau-père est déjà là avec ses chevaux.

» Donne-moi vite mon bonnet de voyage, avec le ruban noir, rouge et or. Tu me verras bientôt avec le diadème, en vieux costume impérial.

» Bientôt tu me verras dans le pluvial, le talard de pourpre, le beau manteau dont le sultan des Sarrasins fit autrefois présent à l'empereur Othon.

» Là-dessous je porterai la dalmatique où est brodé avec des joyaux un cortège de bêtes fabuleuses, de lions et de chameaux.

» Sur la poitrine j'aurai la stola, la stola ornée d'une manière significative d'aigles noires sur fond jaune : ce costume est des plus commodes.

» Adieu ; la postérité dira que je méritais de porter la couronne. Qui sait ? Peut-être ne dira-t-elle rien du tout. »

## SOUVENIR DES JOURS DE TERREUR

### A KRAHWINKEL [1]

Nous, bourgmestres, et Sénat, avons adressé paternellement à toutes les classes de la fidèle bourgeoisie, le mandement qui suit :

« Ce sont pour la plupart des étrangers, des gens du dehors, qui ont semé parmi nous l'esprit de rébellion. De semblables pécheurs, grâce à Dieu, sont rarement des enfants du pays.

» Ce sont aussi pour la plupart des athées. Celui qui se détache de son Dieu finira aussi par renier les autorités séculières.

» Obéir à l'autorité est le premier devoir pour juifs et chrétiens. Quand il commence à faire obscur, que chacun ferme sa boutique, chrétiens et juifs.

» Si trois individus se trouvent ensemble, qu'on se sépare. La nuit, que personne ne se montre dans les rues sans lanterne.

» Que chacun apporte ses armes à l'Hôtel-de-Ville :

---

1. Hambourg. Littéralement : *le coin des corneilles*, c'est-à-dire une ville de cancans.

on déposera aussi au même lieu les munitions de toute espèce.

» Celui qui raisonne dans la rue sera immédiatement fusillé. Le raisonnement par gestes sera passible aussi d'une punition rigoureuse.

» Ayez confiance en vos magistrats dont l'administration gracieuse et sage veille sur vous avec amour et piété : il vous sied donc de tenir vos langues en bride. »

---

## LES ANES ÉLECTEURS

On finit par en avoir assez de la liberté : la République des bêtes désira être gouvernée par un seul maître, un souverain absolu.

Chaque espèce d'animaux se rassembla ; on écrivit des bulletins électoraux ; l'esprit de parti fut déchaîné d'une manière terrible ; il y eut toute sorte d'intrigues.

Le comité des ânes fut dirigé par de vieux grisons. Ils avaient orné leurs têtes de cocardes noires, rouges et or.

Il y avait un petit parti de chevaux, mais il n'osa pas voter : les braiments furieux des ânes lui faisaient peur.

Quelqu'un pourtant, ayant recommandé la candidature du cheval, un vieux longue-oreille, l'interrompit avec des haros et cria : « Tu es un traître ! Il n'y a pas dans tes veines une goutte de sang d'âne ; tu n'es pas un âne, — je crois presque qu'une cavale welche t'a mis bas.

» Tu descends peut-être du zèbre ; ta peau est rayée comme la sienne ; le son nasillard de ta voix a aussi quelque chose d'égypto-hébreu.

» Et ne fusses-tu pas un étranger, tu n'es pourtant qu'un âne d'entendement, un rationaliste froid : tu ne connais pas les profondeurs de la nature asine, ses psaumes mystiques ne te disent rien.

» Pour moi, j'ai complètement abîmé mon âme dans ce doux vacarme. Je suis un âne, chaque poil de ma queue en est un.

» Je ne suis ni un latin, ni un slave ; je suis un âne allemand, comme mes pères : ils étaient si braves, si végétatifs, si réfléchis !

» Ils ne jouaient pas galamment aux jeux frivoles du vice ; chaque jour, pieux et gais, et pleins de bonne humeur, leurs sacs sur le dos, ils trottaient au moulin.

» Les pères ne sont pas morts ! Ce n'est que leurs peaux, leurs dépouilles mortelles, qui sont dans la fosse. Du ciel, ils nous regardent avec satisfaction.

» Anes transfigurés dans la gloire, nous voulons vous ressembler toujours, et ne pas dévier, de la largeur d'un doigt, du sentier du devoir !

» Oh ! quel délice d'être un âne ! Un petit-fils de tels oreillards ! Je voudrais crier sur tous les toits : Je suis né un âne !

» Le grand âne qui m'a engendré, il était de race allemande. Ma mère, la bonne laitière, m'a nourri de lait d'ânesse allemand.

» Je suis un âne, et comme les vieux, mes pères, je veux m'en tenir fidèlement à la bonne et vieille ânerie.

» Et, parce que je suis un âne, je vous conseille de choisir l'âne pour roi ; nous fondons le grand empire des ânes, où les ânes seuls commandent.

» Nous sommes tous ânes ! I-A ! I-A ! Nous ne sommes pas des valets d'écurie. A bas les chevaux ! Hurra ! Et vive le roi de la race asine ! »

Ainsi parla le patriote. Les ânes crient *bravo* dans

la salle. Ils étaient tous patriotes et piaffaient avec leurs sabots.

Ils ornèrent la tête de l'orateur d'une couronne de laurier. Il remercia sans mot dire, et dans sa joie frétilla de la queue.

# APPENDICE

## AU LIVRE DE LAZARE

La figure du véritable sphinx ne diffère pas de celle de la femme : cet appendice d'un corps de lion armé de ses griffes, est pur radotage.

L'énigme de ce vrai sphinx est sombre comme la mort. Le fils et l'époux de dame Jocaste n'en eut point d'aussi difficile à deviner.

Par bonheur pourtant, la femme ne connaît par sa propre énigme. Si elle en prononçait le mot, le monde tomberait en ruines.

---

Dans le carrefour trois femmes sont assises ; elles ricanent et filent, elles soupirent et réfléchissent. Comme elles sont laides à voir !

La première porte la quenouille ; elle tord le fil et l'humecte : c'est pourquoi sa lèvre pendante est si sèche.

La seconde fait danser le fuseau ; cela roule et

tourbillonne si drôlement! Les yeux de la vieille sont rouges comme le feu.

La troisième Parque tient en main ses ciseaux, elle murmure *miserere;* sur son nez pointu, il y a une verrue.

O dépêche-toi et coupe le fil, le fil maudit, et laisse-moi guérir de ce mal affreux de la vie !

―――

« Que nul ne se souvienne de lui ! » J'entendis un jour ces paroles prononcées par la pauvre vieille Esther Wolf, et je m'en suis toujours souvenu.

Être effacé ici-bas de la mémoire des hommes, c'est la fine fleur des malédictions : que personne ne se souvienne de lui !

O mon cœur, épanche à flots tes griefs et tes plaintes, mais qu'il ne soit jamais question de lui, — que nul de lui ne se souvienne !

Il ne doit être mentionné ni dans mes chants, ni dans mes livres : chien obscur, tu pourriras obscurément dans ta fosse avec ma malédiction !

Même au jour du jugement, quand, éveillées par les fanfares des trompettes, les multitudes des trépassés chemineront en tremblant vers le jugement,

Et que l'ange lira devant les autorités célestes tous les noms des conviés, — qu'il ne soit pas fait mention de lui !

———

L'amour commença au mois de mars, où mon cœur et mes sens tombèrent malades, mais lorsque vint le vert mois de mai, mon chagrin prit fin.

C'était après midi vers trois heures, sans doute sur le banc de mousse de l'ermitage, derrière le tilleul, — c'est là que je lui ai ouvert mon cœur.

Les fleurs embaumaient. Le rossignol chantait dans l'arbre, mais c'est à peine si nous entendîmes un mot de son chant, — nous avions trop de choses importantes à nous dire.

Nous nous jurâmes fidélité jusqu'à la mort. Les heures s'envolaient ; la rougeur du soir s'éteignit. Pourtant nous étions toujours là, assis, et nous pleurions dans l'ombre.

———

Ma pensée te tient captive dans un charme, et tout ce que je pense et je sens, tu dois le penser et le sentir : tu ne peux échapper à mon esprit.

Son souffle sauvage t'enveloppe sans cesse, et là où tu es, là il est aussi ; au lit même, tu n'es pas à l'abri de ses baisers et de ses ricanements.

Mon corps gît enseveli dans la fosse ; toutefois, mon esprit est encore vivant ; semblable à un lutin familier, il habite dans ton petit cœur, ma charmante.

Laisse-lui ce tranquille petit nid ! Tu ne peux te débarrasser du monstre, et, dusses-tu t'enfuir en Chine ou en Japon, tu ne lui échapperas pas.

Car, partout où tu iras, mon esprit se tendra dans ton cœur ; il faut que tu penses ce que j'ai pensé ; le charme magique de ma pensée te tient enchaînée.

———

Fais-moi tenailler avec des tenailles rougies au feu, fais déchirer cruellement mon visage, fais-moi flageller et battre de verges ; seulement, attendre ! oh ! ne me fais pas attendre !

Fais disloquer et briser mes membres dans des tortures de toute sorte, — mais ne me laisse pas attendre inutilement, car attendre est le pire des tourments.

Hier, toute l'après-midi, jusqu'à six heures, je t'ai

vainement espérée, vainement! Tu n'es pas arrivée, petite sorcière ; j'en suis devenu presque fou!

L'impatience me tenait comme enlacé de serpents ; à chaque moment, quand on sonnait, je me soulevais brusquement ; mais tu ne venais pas et je retombais.

Tu n'es pas venue : je suis fou, j'étouffe, et Satan me souffle à l'oreille : La fleur de lotus, que je crois, se moque de toi, vieux fou!

―――

Celui qui a un cœur, et dans ce cœur un amour, est déjà à moitié vaincu, et c'est ainsi que me voilà maintenant, lié et garrotté.

Quand je mourrai, on retranchera ma langue de mon corps ; car ils redoutent de me voir revenir parlant du royaume des ombres.

Le mort pourrira silencieusement dans sa fosse, et jamais je ne trahirai les ridicules forfaits dont j'ai été la victime.

―――

La nuit, emporté par un esprit sauvage, j'étends menaçants mes poings fermés, — mais mon bras affaibli retombe, la force me manque.

Corps et âme sont brisés, et je meurs sans avoir été vengé. Pas un ami, enflammé de colère, ne prendra non plus l'office de vengeur.

Hélas ! mes meilleurs amis sont précisément ceux qui m'ont tué : c'est une lâche trahison qui m'a donné le coup de mort.

Semblables à Siegfried, le sire cornu, ils ont su me coucher à terre. La ruse de famille découvre facilement l'endroit où le héros est vulnérable.

———

Cette terre est affreusement malsaine, et tout ce qui est ici-bas grand et beau doit finir par succomber.

Est-ce les fantômes de la folie d'autrefois qui s'exhalent du sol comme des miasmes imperceptibles, et saturent l'air de mortels poisons ?

De gracieuses fleurs de femmes qui entr'ouvraient à peine leurs calices aux baisers aimés du soleil, — les voilà déjà emportées par la mort.

Les flèches invisibles frappent les héros chevauchant sur leurs hauts coursiers, et les crapauds, à l'envi, souillent de bave leurs lauriers.

Ce qui, hier encore, resplendissait fièrement aujourd'hui est déjà vermoulu ; le génie brise sa lyre de dépit.

Oh ! que les étoiles sont avisées ! Elles se tiennent dans un sage éloignement de ce globe mauvais, si mortellement malade.

Prudentes étoiles ! Elles ne veulent pas risquer ici-bas leur vie, leur repos, leurs célestes clartés, et devenir misérables comme nous.

Elles ne veulent pas se plonger avec nous dans les bourbiers fétides, dans la fange où rampent les vers dégoûtants.

Elles veulent rester éternellement loin du train fatal de ce globe, des bruits tapageurs, et du brouhaha de la terre.

Souvent, pleines de compassion, de leurs hauteurs sereines, elles regardent nos misères ; alors une larme d'or coule sur ce monde.

---

Ma journée a été gaie, heureuse ma nuit. Quand je faisais résonner la lyre de la poésie, mon peuple applaudissait joyeusement. Mon chant était joie et feu, il a allumé plus d'un bel incendie.

Mon été brille encore ; pourtant j'ai rassemblé déjà

ma moisson dans ma grange ; et maintenant il faut que je quitte ce qui m'a rendu ce monde si cher, si cher et si doux.

Mon luth échappe à ma main. Elle se brise en éclats, la coupe de cristal que je pressais si joyeusement sur mes lèvres orgueilleuses.

O Dieu ! Comme c'est une chose amère et hideuse que de mourir ! O Dieu ! comme il est aimable et doux de vivre dans ce doux et aimable nid qu'on appelle la terre !

———

Je vois déjà l'onde avare s'écouler dans la clepsydre. Douce et angélique créature, ma femme, la mort m'arrache à toi.

Elle m'arrache de tes bras : que servirait-il de résister ? Elle arrache de mon corps l'âme qui va succomber d'angoisse.

Elle la chasse de sa vieille demeure où elle resterait si volontiers. L'âme tremble et volète çà et là : « Où dois-je m'en aller ? » Elle est comme la puce sur un crible.

Je n'y puis rien changer, bien que je me débatte, je me torde, et me tourne de tous côtés ; l'homme et la femme, l'âme et le corps, il faut bien qu'ils finissent par se séparer.

———

Le bouquet que Mathilde avait fait pour moi, et qu'elle m'apportait en souriant, je le repousse d'une main suppliante; — je ne puis voir sans frissonner ces fleurs éclatantes.

Elles me disent que je n'appartiens plus à cette vie si belle, mais au royaume des ombres, moi, pauvre cadavre non encore inhumé.

Quand je respire des fleurs, je me prends à sangloter. De ce monde plein de beauté et de soleil, de joie et d'amour, il ne m'est resté que les larmes.

Que j'étais heureux quand je regardais danser les rats de l'Opéra ! Maintenant j'entends déjà le trottinement des rats de cimetière, et des taupes de la fosse.

O parfums de fleurs, vous évoquez tout un ballet, tout un chœur de souvenirs parfumés. Tout cela arrive à la fois sautillant,

Au bruit des castagnettes et des cymbales, en jupons courts couverts de clinquant; mais leurs folâtreries, leurs agaceries, leurs rires, ne peuvent que me mettre de plus mauvaise humeur encore.

Loin de moi ces fleurs ! Je ne puis supporter les parfums qui me rappellent méchamment tant de douces folies des jours d'autrefois. Je pleure quand je m'en souviens.

---

J'avais été placé, ô mon agneau, comme un berger pour te garder dans ce monde. Je t'ai nourri de mon pain, je t'ai rafraîchi avec l'eau de la source ; quand grondait l'ouragan d'hiver, je t'ai réchauffé sur mon cœur, où je te serrais étroitement. Quand la pluie tombait à flots, quand les loups et les torrents grondaient à l'envi dans les rochers noirs, tu ne craignais rien, tu n'as pas tremblé ; même quand la foudre brisait les plus hauts sapins, tu dormais tranquille et insoucieuse sur mon sein.

Mon bras devient débile, la pâle mort se glisse vers moi. Bergeries et jeux champêtres vont finir. O Dieu, je remets la houlette entre tes mains ! Garde toi-même mon pauvre agneau, garde-le quand on m'aura conduit au lieu du repos, et ne souffre pas que nulle part une épine le blesse. Oh ! garde sa toison des ronces qui déchirent, et aussi des marécages qui souillent ;

fais partout croître à ses pieds la pâture la plus savoureuse, et fais qu'elle dorme tranquille et insouciante, comme elle dormait une fois sur mon sein.

---

Je n'envie pas les heureux pour leur vie : je n'envie pas leur mort, leur mort prompte et sans douleurs.

En habits de fête, la tête couronnée, et le rire aux lèvres, ils sont assis joyeux au banquet de la vie, — quand tout à coup la faux mortelle les atteint.

En vêtements de gala, et ornés de roses qui semblent encore s'épanouir, ils arrivent dans le royaume des ombres, les favoris de la Fortune.

Jamais la maladie, les infirmités ne les ont défigurés ; ce sont des morts de bonne mine, et gracieusement les reçoit à sa cour la czarine Proserpine.

Combien je dois envier leur sort ! Voilà déjà sept ans que je me roule à terre dans d'horribles tortures, et je ne puis pas mourir !

O Dieu, abrège mes tourments, afin qu'on puisse bientôt me mettre en terre ! Tu sais bien que je n'ai aucun talent pour le martyre.

Permets que je m'étonne, Seigneur, de ton inconséquence. Tu as créé le plus joyeux des poètes, et tu lui ravis maintenant sa bonne humeur.

La douleur émousse ma gaieté, et me rend mélancolique. Si cette mauvaise plaisanterie ne finit pas, je finirai par me faire catholique.

Alors je te chanterai plein les oreilles, comme d'autres bons chrétiens; — O miserere, c'en est fait du meilleur des humoristes.

## ALLELUIA

Soleil, lune et étoiles témoignent au ciel de la puissance du Seigneur, et quand l'œil de l'homme pieux regarde en haut, il louera et célébrera le créateur.

Je n'ai pas besoin de regarder si haut, bouche béante; je trouve déjà sur terre assez de merveilles que Dieu a créées, et qui méritent l'admiration.

Oui, bonnes gens, du côté de la terre s'abaissent modestement mes regards, et ils trouvent là le chef-d'œuvre de la création, notre cœur d'homme.

Quelque splendide que soit la magnificence du soleil, quelque douce que soit dans la nuit sereine la clarté de la lune et des étoiles et quel que soit le rayonnement de la queue des comètes,

Toutes les lumières du ciel réunies ne sont que de pauvres chandelles de deux sous, quand je les compare avec ce cœur qui flamboie dans la poitrine de l'homme.

C'est le monde en miniature : il y a là des montagnes, des forêts, des prairies, des déserts aussi avec des bêtes sauvages, qui sont souvent à charge à ce pauvre cœur.

Ici se précipitent des ruisseaux, et grondent des fleuves, et s'ouvrent des abîmes ; là des rocs vertigineux, des jardins diaprés, des gazons verts où paissent les petits agneaux ou les ânes.

Ici des fontaines jaillissantes, et parfois de pauvres rossignols qui gagnent des phtisies du larynx pour plaire à de belles roses.

La variété n'y manque pas non plus : aujourd'hui le temps est chaud et clair, et demain déjà c'est un froid d'automne, et prairies et forêts sont d'un gris de brouillard.

Les fleurs s'effeuillent, les vents se déchaînent avec furie, puis la neige tombe à gros flocons, la gelée durcit lacs et rivières.

Mais maintenant commencent les jeux d'hiver, les sentiments apparaissent travestis, ils se livrent au carnaval enivré et à la danse des masques.

Une peine secrète se glisse parfois, il est vrai, au milieu de ces joies ; en dépit de la mascarade et de la musique, ils soupirent après quelque bonheur perdu.

Tout à coup un craquement se fait entendre ; ne t'effraie pas ! C'est la glace qui se brise : elle se fond aussi la surface glacée et polie qui tenait enfermé notre cœur.

Ce qui était froid et trouble disparaît. Il revient, ô splendeur ! le beau moment de l'année, le printemps réveillé par la baguette magique de l'amour.

Grande est la gloire du Seigneur, grande ici-bas comme là-haut, je lui chante un *Kyrie eleison* et un *Alleluia !*

Il créa si beau, il créa si doux le cœur de l'homme et il souffla l'esprit de son propre souffle, de ce souffle qui s'appelle amour.

Loin de nous la lyre de la Grèce, loin de nous la danse libertine des Muses, loin ! bien loin ! Je veux célébrer sur des modes plus pieux le Maître de la création.

Plus de musique païenne ! Que les pieux accords de la harpe de David accompagnent mon chant de louanges ! Mon psaume répète *Alleluia !*

## POUR LA MOUCHE[1]

Je rêvais d'une nuit d'été où apparaissaient à la clarté de la lune des constructions grises, usées par le temps, restes d'une ancienne splendeur, débris du temps de la Renaissance.

Çà et là seulement s'élevait des décombres, une colonne solitaire, avec son sérieux chapiteau dorien, et regardait vers le haut firmament, comme si elle se moquait des carreaux de sa foudre.

Tout autour gisaient brisés sur le sol des portails, des frontons, des sculptures, où apparaissaient hommes et animaux confondus, centaures et sphinx, satyres, chimères, figures du temps de la Fable.

Il y a, parmi ces ruines, un sarcophage ouvert, de marbre parfaitement intact, et, dans ce cercueil, était couché, également conservé, un homme mort avec une expression douce et souffrante.

Des cariatides, le cou tendu, semblent soutenir le cercueil avec effort. Aux deux côtés, on voit également beaucoup de figures sculptées en bas-relief.

Ici les splendeurs de l'Olympe avec ses dieux liber-

---

1. Probablement la dernière poésie de Heine, écrite en janvier 1856. — Heine mourut le 17 février.

tins. Adam et Ève sont auprès, tous deux munis d'un pudique tablier de feuilles de figuier.

Là apparaît la ruine et l'incendie de Troie ; on y voyait Pâris, Hélène et aussi Hector. Moïse et Aaron sont également près d'eux, de même qu'Esther, Judith, Holopherne et Haman.

On voyait encore le dieu Amour, Phébus Apollon, Vulcain et dame Vénus, Pluton, Proserpine et Mercure, le dieu Bacchus, Priape et Silène.

Tout à côté l'âne de Balaam (l'âne était bien trouvé pour parler); on voyait en outre l'épreuve d'Abraham et Loth qui se grisa avec ses filles.

Hérodias était là dansant : on apportait sur un plat la tête du baptiseur. On voyait là l'enfer et Satan, et Pierre avec la grande clef du ciel.

On pouvait voir ici alternativement sculptés, les ardeurs et les forfaits du lubrique Jupiter, comment il séduisit Léda sous la forme d'un cygne, et Danaé sous une pluie de ducats.

Là la chasse sauvage de Diane que suivent des nymphes haut-troussées et des dogues ; on voyait Hercule en habit de femme, tenant la quenouille et tournant le fuseau.

Voici le Sinaï : au pied est Israël avec ses bœufs

d'or. On voit le Seigneur se tenir enfant dans le Temple, et disputant avec les orthodoxes.

Ici sont rassemblés les constrastes les plus tranchés, la joie sensuelle des Grecs, et la divine pensée de la Judée ! Et le lierre grimpant se joue autour de toutes deux comme une capricieuse arabesque.

Mais, chose étrange ! Pendant que je considérais ces figures, il me vint tout à coup à l'esprit que j'étais moi-même l'homme mort, dans ce beau cercueil de marbre.

Et, à la tête de ma couche, était une fleur d'une forme énigmatique, les feuilles de couleur jaune-soufre et violette, exhalant comme un attrait d'impétueux amour.

Le peuple l'appelle la fleur de la Passion et dit qu'elle a poussé sur la montagne de Golgotha, lorsqu'on crucifia le fils de Dieu et que son sang rédempteur coula.

Cette fleur, dit-on, me rend un témoignage de sang, et tous les instruments de torture qui ont servi au bourreau pour le martyre, elle les porte reproduits dans son calice.

Oui, l'on voit dans ce calice tous les *requisita* de la Passion, toute une chambre de torture : fouet, cordes, couronne d'épines, la croix, le calice, les clous et le marteau.

Une semblable fleur était près de mon cercueil et se penchait sur mon corps comme une pleureuse ; — elle baise ma main, baise mon front et mes yeux, silencieuse et désolée.

Mais, — étrange magie du rêve ! — La fleur jaune-soufre de la Passion se transforme en une figure de femme, et cette femme c'est vous, la bien-aimée ; oui, c'est elle-même !

Tu étais la fleur, chère enfant : à tes baisers je devais te reconnaître. Tes lèvres de fleur, il n'y en a point d'aussi tendres ! Tes larmes de fleur, point d'aussi brûlantes !

Mon œil était fermé, mais mon âme a vu continuellement ton visage ; tu me regardais heureuse et ravie, et fantastiquement éclairée par la lumière de la lune.

Nous ne parlâmes pas : toutefois mon cœur comprit ce que tu pensais silencieusement dans le tien : la parole parlée est sans pudeur, le silence est la pudique fleur de l'amour.

Dialogue sans paroles ! On se figure à peine comment, dans ce bavardage muet et tendre, le temps passe vite dans un beau rêve de nuit d'été, tissé de joies et de frissonnements.

Ce que nous avons dit, ne le demande jamais, hélas! Demande au ver-luisant ce qu'il dit au gazon, demande à la vague ce qu'elle murmure dans le ruisseau, au vent d'ouest ce qu'il soupire et gémit.

Demande à l'escarboucle ce qu'elle rayonne, demande au violier et aux roses ce qu'ils exhalent, mais ne demande jamais ce que se sont dit au clair de lune la fleur de la Passion et son trépassé.

J'ignore combien de temps je jouis de ce beau songe, dans ma couche de marbre au doux sommeil. Hélas! il se dissipa l'enfantement de ce repos tranquille!

O Mort, avec ton silence de tombeau, tu peux seule nous donner la meilleure des voluptés. C'est le combat de la passion, une joie sans repos, que la vie grossière et absurde d'ici-bas nous donne pour du bonheur.

Mais malheur à moi! Ma félicité s'évanouit tout à coup, quand, au dehors, un bruit s'éleva: c'était une querelle affreuse avec des piétinements et des imprécations. Hélas! ce tapage mit en fuite ma fleur.

Oui, au dehors s'éleva, avec une colère sauvage, une dispute, des glapissements, des cris. Je crus reconnaître mainte voix : c'étaient les bas-reliefs de mon tombeau.

L'antique folie de la foi reparaît-elle comme un revenant dans la pierre ? Ces figures de marbre disputent-elles entre elles ? Est-ce le cri de terreur de Pan, le dieu sauvage des forêts, qui rivalise de férocité avec les anathèmes de Moïse ?

Oh ! ce combat ne finira jamais ! Toujours le vrai sera en guerre avec le beau ; toujours l'armée de l'humanité sera divisée en deux partis : Hélènes et Barbares.

Tout cela jurait, pestait ; cette ennuyeuse controverse ne prenait pas de fin ; il y avait là surtout l'âne de Balaam qui criait plus haut que les dieux et les saints !

Ce I-A, I-A hennissant, ce dégoûtant hoquet de l'absurde animal me mit presque au désespoir : moi-même, je finis par crier et je m'éveillai.

FIN

# TABLE

Premières souffrances (1817-1821) . . . . . . . . . . . . . 1
La nuit de noces . . . . . . . . . . . . . . . . . . . . . 7
Lieder . . . . . . . . . . . . . . . . . . . . . . . . . . 13
Sur le Rhin . . . . . . . . . . . . . . . . . . . . . . . 23
Romances . . . . . . . . . . . . . . . . . . . . . . . . . 27
La consécration . . . . . . . . . . . . . . . . . . . . . 29
L'affligé . . . . . . . . . . . . . . . . . . . . . . . . 31
Voix de la montagne . . . . . . . . . . . . . . . . . . . 31
Les deux frères . . . . . . . . . . . . . . . . . . . . . 32
Chant du prisonnier . . . . . . . . . . . . . . . . . . . 34
Le message . . . . . . . . . . . . . . . . . . . . . . . . 34
L'enlèvement . . . . . . . . . . . . . . . . . . . . . . . 35
Don Ramiro . . . . . . . . . . . . . . . . . . . . . . . . 36
Les minnesinger . . . . . . . . . . . . . . . . . . . . . 41
Almansor mourant . . . . . . . . . . . . . . . . . . . . . 42
La fenêtre . . . . . . . . . . . . . . . . . . . . . . . . 42
Le chevalier blessé . . . . . . . . . . . . . . . . . . . 43
Sur le Rhin . . . . . . . . . . . . . . . . . . . . . . . 44
La chanson des regrets . . . . . . . . . . . . . . . . . . 44
A une cantatrice qui chantait une vieille romance . . . 46
Avertissement . . . . . . . . . . . . . . . . . . . . . . 47
La chanson des ducats . . . . . . . . . . . . . . . . . . 48
Dialogue dans la lande de Paderborn . . . . . . . . . . . 49
Le rêve et la vie . . . . . . . . . . . . . . . . . . . . 50
Sur un album . . . . . . . . . . . . . . . . . . . . . . . 52

| | |
|---|---|
| A vous. | 52 |
| Sonnets. | 55 |
| Trois sonnets à A. W. de Schlegel. | 57 |
| A G. Sartorius, à Goettingue. | 59 |
| A J.-B. Rousseau | 60 |
| A Franz de Z. | 61 |
| A ma mère, B. Heine, née de Geldern. | 62 |
| A M. Str., après avoir lu son écrit sur l'ancien art allemand. | 63 |
| Sur le projet du monument de Gœthe, à Francfort. | 64 |
| Bamberg et Wurzbourg. | 65 |
| Aucassin et Nicolette, ou l'amour au bon vieux temps. | 66 |
| La nuit sur le Drachenfels. | 67 |
| A Fritz Steinman. | 68 |
| Sonnets à la fresque. | 69 |
| INTERMÈDE LYRIQUE (1822-1823). | 79 |
| LE RETOUR (1823-1824). | 87 |
| Ratcliff. | 95 |
| A Edom. | 99 |
| Avec un exemplaire du *Rabbin de Baccharach*. | 100 |
| LES MONTAGNES DU HARTZ (1824). | 101 |
| L'idylle de la montagne. | 105 |
| Le jeune berger. | 112 |
| Sur le Brocken. | 113 |
| L'Ilse. | 114 |
| LA MER DU NORD (1825-1826). | 117 |
| Coucher du soleil. | 119 |
| Déclaration. | 121 |
| Tempête. | 122 |
| Crépuscule. | 123 |
| Le chant des Océanides. | 125 |
| Le phénix. | 127 |
| Mal de mer. | 129 |
| DIVERS (1822-1839). | 131 |
| Séraphine. | 133 |
| Runique. | 139 |
| Angélique. | 140 |
| Diane. | 146 |
| Hortense. | 147 |
| (Elle parle). | 148 |

## TABLE

| | |
|---|---:|
| (L'antre parle) | 148 |
| Clarisse | 150 |
| Jenny | 155 |
| Emma | 156 |
| Le TANNHAUSER, *légende* (1836) | 159 |
| Chants de la création | 169 |
| FRÉDÉRIQUE (1823) | 175 |
| CATHERINE | 181 |
| A l'étranger | 195 |
| ROMANCES | 199 |
| Fête du printemps | 201 |
| Childe-Harold | 202 |
| Soleil et poète | 202 |
| Mauvaise étoile | 204 |
| Année 1839 | 205 |
| De bonne heure | 206 |
| Bertrand de Born | 207 |
| Printemps | 207 |
| Ali Bey | 208 |
| Psyché | 209 |
| L'inconnue | 209 |
| Changement | 210 |
| La sorcière | 211 |
| Fortuna | 211 |
| Complainte d'un jeune Teutomane | 212 |
| Renonce à moi | 213 |
| La gageure (d'après le danois) | 213 |
| Monde souterrain | 215 |
| POÉSIES DE CIRCONSTANCE | 221 |
| Allemagne. — Un rêve (1816) | 223 |
| Adam I<sup>er</sup> | 226 |
| Avertissement | 227 |
| A un ancien gœtholâtre (1832) | 228 |
| Secret | 229 |
| Dégénération | 229 |
| Le nouvel hôpital israélite à Hambourg | 230 |
| A George Herwey | 232 |
| Au même, à son expulsion de Prusse | 232 |
| La tendance | 233 |
| L'enfant | 234 |

| | |
|---|---|
| Promesse | 235 |
| Le nouvel Alexandre | 235 |
| Chants de louange du roi Louis | 237 |
| Le conseiller ecclésiastique Prométhée | 241 |
| Au crieur de nuit | 242 |
| Monde sens dessus dessous | 243 |
| Fiat lux! | 244 |
| L'Allemagne | 245 |
| Attendez seulement! | 246 |
| Sur le Hartz | 247 |
| Notre marine, chant nautique | 251 |
| HISTOIRES | 253 |
| Le fripon de Bergen | 255 |
| Chant des Walkiries | 257 |
| Le libérateur | 258 |
| Marie-Antoinette | 259 |
| Pomaré | 261 |
| Le dieu Apollon | 264 |
| Les deux chevaliers | 269 |
| Le veau d'or | 271 |
| Le roi David | 271 |
| Le roi Richard | 272 |
| Le roi More | 273 |
| Traversée nocturne | 275 |
| LAMENTATIONS | 279 |
| Les Atrides espagnols | 281 |
| L'ex-vivant | 290 |
| L'ex-veilleur de nuit | 291 |
| Chant de fête | 293 |
| Épilogue au chant de louange de celeberrimo maestro Fiascomo | 297 |
| Les Platenides | 297 |
| En deçà et en delà du Rhin | 299 |
| Mythologie | 299 |
| Sur l'album de Mathilde | 300 |
| Mulet de race | 300 |
| Exégèse rationaliste | 301 |
| Symbolique du non-sens | 302 |
| Les anges | 304 |
| Orgueil | 305 |

## TABLE

| | |
|---|---|
| Hiver | 306 |
| Vieux tableau de cheminée | 307 |
| Désir | 308 |
| Aux jeunes | 308 |
| L'incrédule | 309 |
| Paix domestique | 310 |
| Adieu | 310 |
| Où aller? | 311 |
| Bon conseil | 312 |
| Vieille chanson | 313 |
| Solidarité | 314 |
| Vieille rose | 314 |
| Autodafé | 315 |
| Lazare | 317 |
| Plainte | 319 |
| Souvenir | 319 |
| Résurrection | 321 |
| Oui! oui! | 322 |
| Gueuserie | 322 |
| Souvenir | 323 |
| Imperfection | 324 |
| Pieux avertissement | 325 |
| Modération | 326 |
| Les étoiles | 327 |
| Morphine | 327 |
| Vœux stériles | 328 |
| Anniversaire | 329 |
| Revoir | 330 |
| L'inquiétude | 331 |
| Aux anges | 332 |
| Hélène | 333 |
| Mauvais rêve | 333 |
| Elle s'éteint | 334 |
| Dernière volonté | 335 |
| Enfant perdu | 336 |
| Mélodies hébraïques | 339 |
| La princesse Sabbat | 341 |
| Jehuda ben Halévy (fragments) | 346 |
| Disputation | 374 |
| Derniers chants | 389 |

| | |
|---|---:|
| Vallée de larmes | 391 |
| Édouard | 392 |
| Le chien vertueux | 393 |
| Cheval et âne | 394 |
| La libellule | 397 |
| Souvenir d'Hammonia | 398 |
| Le Cantique des cantiques | 400 |
| La chanson de la vivandière (Guerre de Trente ans) | 401 |
| Chenapan et chenapane | 403 |
| Jean sans Terre | 403 |
| Souvenirs des jours de Terreur | 406 |
| Les ânes électeurs | 407 |
| APPENDICE AU LIVRE DE LAZARE | 411 |
| Alleluia | 424 |
| Pour la mouche | 427 |

FIN DE LA TABLE

F. Aureau. — Imprimerie de Lagny.

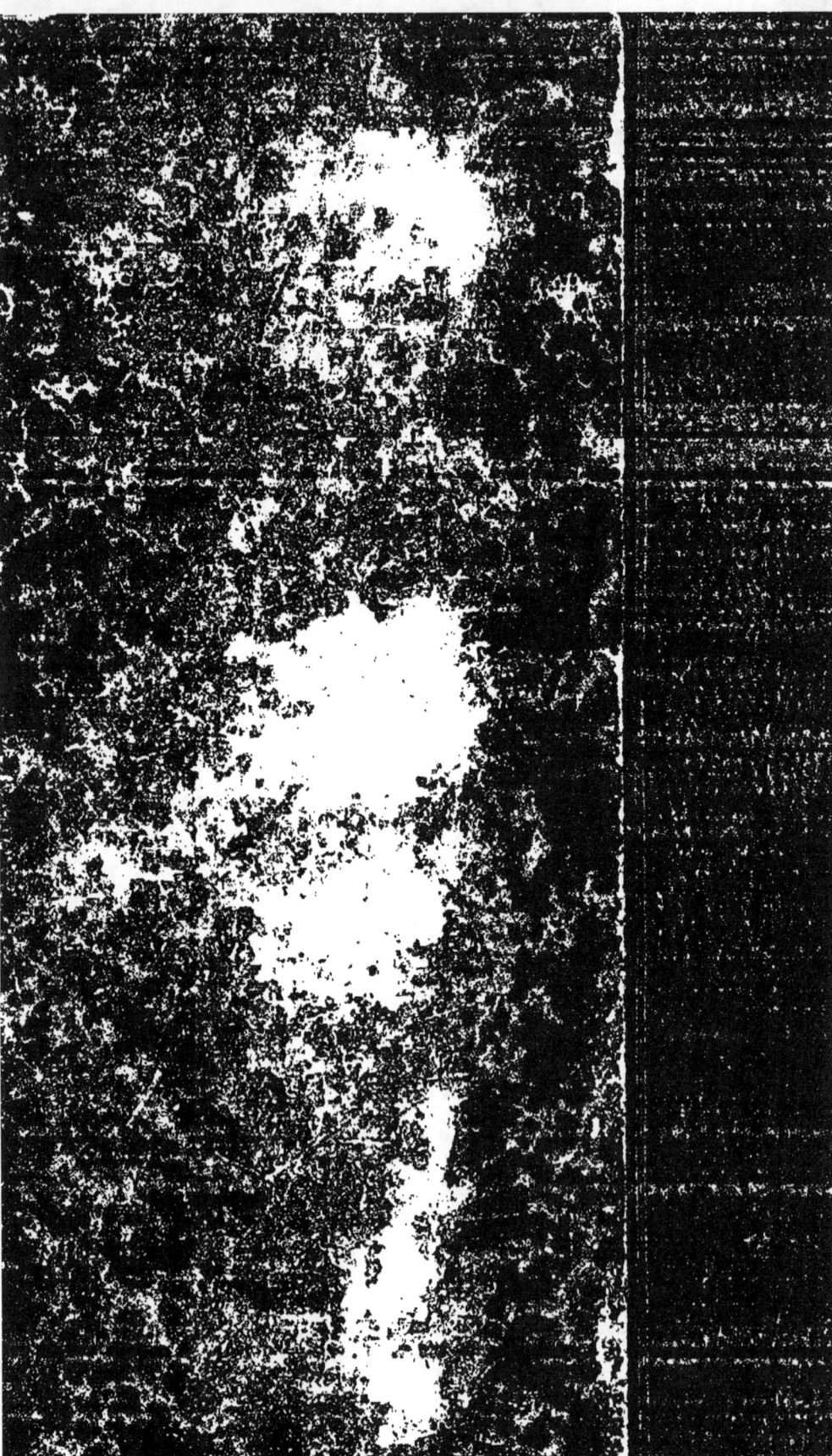

www.ingramcontent.com/pod-product-compliance
Lightning Source LLC
Chambersburg PA
CBHW071105230426
43666CB00009B/1835